Denkmale – Statuten – Zeitzeugen

Facetten Rostocker Universitätsgeschichtsschreibung (2)

Herausgegeben von
Gisela Boeck und Hans-Uwe Lammel

Rostocker Studien zur Universitätsgeschichte Band 29
2. Auflage Norderstedt 2016

Bibliografische Information der Deutschen Nationalbibliothek

Die Deutsche Nationalbibliothek verzeichnet diese Publikation
in der Deutschen Nationalbibliografie; detaillierte bibliografische Daten sind im Internet
über www.dnb.de abrufbar.

Herausgeber: Der Rektor der Universität Rostock
Redaktion: Kersten Krüger
Druckvorlage: Christoph Wegner
Einband: IT- und Medienzentrum der Universität Rostock

© 2016
Herstellung und Verlag: BoD – Books on Demand, Norderstedt.
ISBN: 9783743118928

Inhalt Seite

Vorbemerkung 5

Marian Füssel 7
Öffentlichkeit und Geheimnis an der Universität der Frühen Neuzeit

Werner Buchholz 31
Von der Stände- und Finanzgeschichte zur Historischen Demografie. Ein Rückblick zum 75. Geburtstag von Kersten Krüger

Susi-Hilde Michael 49
Das Universitätskonzil anhand der ältesten Statuten

Ernst Münch 69
Tycho de Brahe oder: Das falsche Denkmal am richtigen Platz

Angela Hartwig 83
Archiv und Kustodie auf dem Weg zum 600. Geburtstag der Universität Rostock

Matthias Glasow 91
Kollektivbiographisches Erinnern – Der Catalogus Professorum Hamburgensium

Steffen Eggebrecht 101
Zeitzeugen im Gespräch: Die Verwaltung der Universität Rostock

Günther Wildenhain 107
Reminiszenz an die Wendezeit. Kersten Krüger – ein motivierender Gesprächspartner

Über die Autoren 117

Vorbemerkung

Der Arbeitskreis *Rostocker Universitäts- und Wissenschaftsgeschichte* traf sich im Herbst des letzten Jahres in der besonderen Form eines zweitägigen Symposiums. Anlass dazu gab uns der 75. Geburtstag von Herrn Professor Kersten Krüger, den der Jubilar im Sommer 2014 feiern konnte. Herr Krüger zählt zu den Gründungsmitgliedern des Arbeitskreises. Er hat sich an der Gestaltung unserer Sitzung immer sehr aktiv beteiligt. Was uns darüber hinaus und in ganz hervorgehobener Weise dazu bewogen hat, ihm unsere Tagung zu widmen, das war die Tatsache, dass Herr Krüger vor 10 Jahren vom damaligen Rektor Herrn Professor Hans Jürgen Wendel die Aufgabe übernahm, sich nach seiner Emeritierung der Vorbereitung des Universitätsjubiläums zu widmen, das wir 2019 begehen werden.

Nachdem uns am Abend des 7. November 2014 durch den Vortrag von Professor Marian Füssel aus Göttingen die Geheimnisse der europäischen Universität in der Frühen Neuzeit nahegebracht worden waren, widmeten wir uns am 8. November ganz den Projekten, die Herr Krüger initiiert und auf den Weg gebracht hat.

Den Anfang machte, nachdem der Rektor eine Würdigung von Herrn Krügers bisheriger universitätshistorischer Arbeit vorgenommen hatte, Herr Kollege Werner Buchholz, Pommerscher Landeshistoriker an der Greifswalder Universität. In einem Überblick über die Forschungsfelder des Jubilars jenseits von Universitäts- und Bildungsgeschichte sollte damit der von uns gewählten Art der Veranstaltung Genüge getan und eine Laudatio gehalten werden.

Ziel der dann auf dem Symposium folgenden Beiträge, deren chronologische Abfolge wir in dieser Veröffentlichung beibehalten haben, war es, ein vorläufiges Fazit und eine Bilanz zu ziehen, was die universitätshistorischen Aktivitäten von Herrn Krüger angeht. Neben der Einrichtung einer Kommission, zu der auch wir Herausgeber gehörten – das Präteritum scheint uns hier durchaus angebracht, arbeitet diese Gruppe doch nicht mehr – hat sich Herr Krüger, wie er damals völlig zu Recht und sachgemäß feststellte, die Aufgabe zu eigen gemacht, Projekte der Grundlagenforschung zur Rostocker Universitätsgeschichtsschreibung zu ersinnen und umzusetzen. Von ihm sind dazu einige grundlegende Unternehmungen ins Leben gerufen worden, die nicht nur hier an unserer Universität Aufmerksamkeit erhalten haben, sondern auch maßstabsetzend für andere Universitätsstandorte wurden und bundesweit Beachtung fanden. Die Aufgabe unseres Symposiums war es, an diese von Herrn Krüger erbrachte Leistung für die Erschließung wichtiger Quellen der Universitätsgeschichte zu erinnern.

Die Wertschätzung seiner Initiativen und Projekte wurde auch aus dem Munde einiger derjenigen vorgetragen, die ihm Mitstreiter bei diesen Unternehmungen waren und sind und die bereit waren, seine Arbeit zu würdigen. So wurden beispielsweise aus Sicht der Beteiligten die von Herrn Krüger in mehreren Semestern durchgeführten Zeitzeugeninterviews vorgestellt. Sicherlich könnte man einwerfen, dass diese bemerkenswerten Versuche, oral history für die Universitätshistoriographie zu nutzen, bereits gedruckt vorliegen. Trotzdem haben wir uns entschlossen, zwei Vertreter der beteiligten Parteien, Altrektor Professor Günther Wildenhain als Befragten und Herrn Engelbrecht als teilnehmenden Beobachter und studentischen Fragenden zu Wort kommen zu lassen. Beide hatten sich vorgenommen, über die Erinnerung hinaus, die nicht alltägliche Dynamik, die sich in diesen Gesprächen ergab, vorzustellen. Sie sprachen also von Dingen und Wahrnehmungen, die nicht unbedingt in die gedruckten Dokumente eingegangen sind. Herr Glasow aus Hamburg berichtete, wie das Rostocker Projekt des Professorenkatalogs, an dem er in Rostock mitgearbeitet hat, in Hamburg aufgenommen und weiterentwickelt werden konnte. Zwei Vorträge schenkten den historisch gewachsenen Sammlungen unserer Hochschule und ihrer wissenschaftlichen Aufarbeitung – auch eine Initiative, die Herr Krüger mit angeregt und unterstützt hat – ihre Aufmerksamkeit. Schließlich wurden in drei Beiträgen Themen vorgestellt, die dem üblichen Charakter unserer Arbeitskreissitzungen entsprachen: dem Vorstellen neuer Forschungen und Überlegungen zur Rostocker Universitätshistoriographie. Dass sie den Anlass der Tagung jedoch nicht ganz aus dem Auge verloren, verstand sich von selbst.

Rostock, im Oktober 2015　　　　　Gisela Boeck und Hans-Uwe Lammel

Marian Füssel

Öffentlichkeit und Geheimnis an der Universität der Frühen Neuzeit[*]

Wenn wir uns hier an diesem Wochenende versammeln, um die Verdienste Kersten Krügers für die Geschichte der Universität Rostock wie für die Universitätsgeschichte allgemein zu würdigen, so tun wir dies in einem feierlichen öffentlichen Rahmen und in einem zentralen Lehr- und Repräsentationsraum der Universität: der Aula. Wir stehen damit in einer langen Tradition akademischer Festkultur. In der Sprache des Mittelalters und der Frühen Neuzeit begehen wir einen *actus publicus solemniter celebrandus*.[1] Darunter fasste man die unterschiedlichen Formen von öffentlichen Feierlichkeiten wie Universitätseinweihungen, Promotionsfeiern, Vizerektoratswechseln, Begräbnissen oder Jubiläen zusammen.[2] „Solemniter" bedeutete laut zeitgenössischen Lexika „alljährlich, feyerlich, herrlich, desgleichen gebräuchlich, rechtmäßig, ordentlich, mit grossem Gepränge, oder mit vielen und besondern Ceremonien".[3] Und damit sind wir in mehrfacher Hinsicht bereits mitten im Thema. Von der

---

[*] Der Vortragstext wurde weitgehend beibehalten und um einen Anmerkungsapparat ergänzt. Der Text beinhaltet Passagen aus folgenden Publikationen: *Marian Füssel*, Die zwei Körper des Professors. Zur Geschichte des akademischen Habitus in der Frühen Neuzeit. In: Horst Carl/Friedrich Lenger (Hrsg.), Universalität in der Provinz – die vormoderne Landesuniversität zwischen korporativer Autonomie, staatlicher Abhängigkeit und gelehrten Lebenswelten. Darmstadt 2009, 209–232; *ders.*, Universitäre Frei-Räume – ein historischer Rückblick. In: Beiträge zur Lehrerbildung. Zeitschrift zu Theorie und Praxis der Aus- und Weiterbildung von Lehrerinnen und Lehrern 29/3, 2011, 325–332; *ders.*, Von der Sodalitas zur Loge. Professorale Geselligkeit an der vormodernen Universität. In: Dietmar Klenke/Rainer Pöppinghege/Matthias Asche (Hrsg.), Universität und Geselligkeit, 2015 (in Druckvorbereitung).

[1] *Laetitia Boehm*, Der ‚actus publicus' im akademischen Leben. Historische Streiflichter zum Selbstverständnis und zur gesellschaftlichen Kommunikation der Universitäten. In: Geschichtsdenken, Bildungsgeschichte, Wissenschaftsorganisation. Ausgewählte Aufsätze von Laetitia Boehm anlässlich ihres 65. Geburtstages, hrsg. von Gert Melville/Rainer A. Müller/Winfried Müller (Historische Forschungen 56). Berlin 1996, 675–693.

[2] Vgl. als Überblick *Marian Füssel*, Akademische Solennitäten. Universitäre Festkulturen der Frühen Neuzeit im Vergleich. In: Maurer, Michael (Hrsg.), Festkulturen im Vergleich. Inszenierungen des Religiösen und Politischen, Köln, Weimar, Wien 2010, 43–60.

[3] Vgl. Art. „Solenn". In: *Johann Heinrich Zedler*, Grosses vollständiges Universal Lexicon […], Bd. 38 Sk-Spie, Halle / Leipzig 1743, Sp. 520.

öffentlich inszenierten akademischen Festkultur bis zur geheimen Senats- bzw. in Rostock Konzilssitzung[4] war die vormoderne Universität durch verschiedene Grade von Öffentlichkeit und Geheimnis bzw. Öffentlichkeit und Privatheit geprägt.[5] Ganz gleich, ob öffentliche Vorlesungen oder private Tischgesellschaften, Professoren in Freimaurerlogen oder Studenten in Orden, akademische Sammlungen oder öffentliche Bibliotheken, überall markierten Sichtbarkeit und Unsichtbarkeit wissenschaftliche wie soziale Grenzen. Um die Begriffe etwas zu schärfen, kann die soziologische Unterscheidung zwischen „heimlich" und „geheim" hilfreich sein. Im einen Fall wird das Wahrnehmungsfeld der Akteure begrenzt, im anderen vollständig auf Kommunikation verzichtet. Der Soziologe Alois Hahn unterscheidet entsprechend Heimlichkeit als „Differenz zwischen Bewußtsein und Kommunikation", also der Begrenzung der Wahrnehmung des Einzelnen und Geheimnis als „Zugangssperre zwischen Systemen der Kommunikation".[6] Eine Senats- oder Konzilssitzung ist in diesem Sinn ‚heimlich', da jeder wissen kann, dass sie stattfindet, aber nur die Mitglieder des Gremiums zugangsberechtigt sind.[7] So bestimmen bereits die ältesten Rostocker Universitätsstatuten, dass die „in den Konzilien besprochenen Angelegenheiten [...] von jedem Mitglied des Konzils, gemäß den gegebenen Versprechen, geheim zu halten" sind.[8] „Allein der Rektor beschließt, was öffentlich bekannt zu geben ist. Die Geheimhaltung hat der Rektor oder ein anderer, der bei einem abzuhaltenden Konzil den Vorsitz hat [...] genau anzuordnen" heißt es weiter.

---

[4] *Susi-Hilde Michael*, Recht und Verfassung der Universität Rostock im Spiegel wesentlicher Rechtsquellen 1419–1563. 2 Bde. Norderstedt 2013, Bd. 1, 165–210.

[5] Vgl. zum Verhältnis Universität und Öffentlichkeit *Rudolf Stichweh*, Universität und Öffentlichkeit. Zur Semantik des Öffentlichen in der frühneuzeitlichen Universitätsgeschichte. In: Jäger, Hans-Wolf (Hrsg.), Öffentlichkeit im 18. Jahrhundert (Das achtzehnte Jahrhundert, Supplementa Bd.4). Göttingen 1997, 103–116; *Rainer Christoph Schwinges* (Hrsg.), Universität im öffentlichen Raum (VGUW, Bd. 10). Basel 2008.

[6] *Alois Hahn*, Soziologische Aspekte von Geheimnissen und ihren Äquivalenten. In: Aleida Assmann/Jan Assmann (Hrsg.): Schleier und Schwelle. Bd.1 Geheimnis und Öffentlichkeit (Archäologie der literarischen Kommunikation V,I). München 1997, 23–39, hier 25.

[7] Vgl. exemplarisch *Stefan Wallentin*, Fürstliche Normen und akademische „Observanzen". Die Verfassung der Universität Jena 1630–1730. Köln u.a. 2009, 238–244; *Hans-Wolf Thümmel*, Die Tübinger Universitätsverfassung im Zeitalter des Absolutismus. Tübingen 1975, 146–154; *Ernst Gundelach*, Die Verfassung der Göttinger Universität in drei Jahrhunderten. Göttingen 1955, 14–17.

[8] *Michael*, Recht und Verfassung (Anm. 4), Bd. 2, 90–93, hier 90.

Die Existenz einer Geheimgesellschaft wie dem Illuminatenorden war bis zu seiner Aufdeckung hingegen ‚geheim', da seine Existenz Außenstehenden unbekannt war. Fälle wie der letztere sind der Universitätsgeschichte zwar nicht unbekannt, der Regelfall an der vormodernen Universität war jedoch eher das Geheime im Sinne des Heimlichen. Durch entsprechende kommunikative Barrieren gelingt es Institutionen, Grenzen zwischen Mitgliedern und Nichtmitgliedern sowie unterschiedlichen Berechtigungsstufen ihrer Mitglieder zu ziehen und damit institutionelle Autonomie geltend zu machen.[9]

Die in der Mittelalter- und Frühneuzeitforschung gebräuchlichere Gegenüberstellung ist trotz ihres semantischen Anachronismus jene zwischen ‚öffentlich' und ‚privat'.[10] Mit den Worten von Peter von Moos:

„Das Öffentliche ist demnach das allgemein und unbegrenzt Erfahrbare, Zugängliche, Verbindliche oder Nützliche; das Private ist das nur begrenzt oder eingeschränkt Erfahrbare, Zugängliche, Verbindliche oder Nützliche. Überall müssen Geheimnisse, exklusive Räume, Befugnisse oder Zweckbestimmungen und deren Gegenteil in irgendeiner Form differenziert werden."[11]

Eine Feststellung, die insbesondere auch für die Räume der vormodernen Universitäten gilt.

Ein Jenaer Stammbuch aus den 1730er Jahren zeigt, wie öffentliche und private Sphären zeitgenössisch in einem Bild zusammengedacht werden konnten.[12] Oben rechts wird eine feierliche, öffentliche Prozession der Professoren über den Jenaer Markt präsentiert, oben links Studenten beim nächtlichen Mu-

---

[9] *Niklas Luhmann*, Funktionen und Folgen formaler Organisation (Schriftenreihe der Hochschule Speyer, Bd. 20). 5. Aufl. Berlin 1999, 220–239.

[10] *Philippe Ariès/Roger Chartier* (Hrsg.), Geschichte des privaten Lebens. Bd. 3 Von der Renaissance zur Aufklärung. Frankfurt am Main 1991; *Gert Melville/Peter von Moos* (Hrsg.), Das Öffentliche und das Private in der Vormoderne (Norm und Struktur, Bd. 10). Köln, Weimar, Wien 1998; *Peter von Moos*, Die Begriffe „öffentlich" und „privat" in der Geschichte und bei den Historikern. In: Saeculum 49, 1998, 161–192; *Caroline Emmelius/Fridrun Freise/Rebekka von Mallinckrodt/Petra Paschinger/Claudius Sittig/Regina Töpfer* (Hrsg.), Offen und Verborgen. Vorstellungen und Praktiken des Öffentlichen und Privaten in Mittelalter und Früher Neuzeit. Göttingen 2004.

[11] *Peter von Moos*, Das Öffentliche und Private im Mittelalter. Für einen kontrollierten Anachronismus. In: Melville/Moos, Das Öffentliche (Anm. 10), 3–83, hier 29.

[12] Abgebildet in Stadt Ingolstadt (Hrsg.), Geschichten und Gesichter. Ingolstadt – vom Werden einer Stadt. Ingolstadt 2000, 93.

sizieren. Unten rechts findet sich ein verschuldeter Student in Verhandlung mit seinem potentiellen Kreditgeber, und unten links die mögliche Ursache der Verschuldung, eine Szene von Studenten beim offiziell verbotenen Glücksspiel.[13] Das Bild mit seinen vier Szenen ist typisch einerseits für den synoptischen Darstellungsmodus von Stammbuchbildern, die oft so viel wie möglich auf einmal präsentieren, zum anderen für die nicht minder typische Doppelbödigkeit der Stammbuchbilder, die Offizielles und Privates, Erlaubtes und Verbotenes, Verpöntes und Ersehntes gern parallelisierten.[14]

Im Folgenden soll es jedoch nicht um Stammbuchbilder gehen, sondern um einen kulturhistorischen Streifzug durch die frühneuzeitliche Universitätsgeschichte entlang der Kategorien Öffentlichkeit und Geheimnis bzw. dem Offenen und dem Verborgenen, dem Offiziösen und dem Privaten. Meine Ausgangshypothese ist dabei, dass die Frage der Öffentlichkeit in grundlegender Weise dazu angetan ist, die weit größere Frage „Was ist eigentlich eine Universität?" mit Antworten zu versehen. Erkenntnisziel ist es damit, eine radikale Historisierung der Universität in ihren sozialen und rechtlichen wie in ihren wissenschaftlichen und materiellen Dimensionen zu ermöglichen. Ich gehe im Folgenden in drei Schritten vor und diskutiere zunächst die Verortung des akademischen Personenverbandes und seine materiell-räumlichen Infrastrukturen, dann die Figurationen des akademischen, vor allem professoralen Habitus im Spannungsfeld von Öffentlichkeit und Privatheit, um drittens auf die akademische Geselligkeit im Geheimen zu sprechen zu kommen.

Universität und Raum

Auf die Frage „Wo ist die Universität?" reagieren wir heute wie selbstverständlich mit einer Ortsangabe – sei die Antwort nun ein Campus oder weite Teile

---

[13] Vgl. für Rostock schon die Bestimmung der ältesten Statuten „Kein Universitätsmitglied erlaubt in seiner Wohnung Würfel- oder andere Spiele um Geld, weder öffentlich noch geheim", *Michael*, Recht und Verfassung (Anm. 4), Bd. 2, S. 111; vgl. auch ebd., Bd. 1, 278. Zum 18. Jahrhundert vgl. *Stefan Brüdermann*, Göttinger Studenten und akademische Gerichtsbarkeit im 18. Jahrhundert. Göttingen 1990, 344–347.

[14] *Marian Füssel*, Deviante Vor-Bilder? Studentische Stammbuchbilder als Repräsentationen standeskultureller Ordnung. In: Anna-Maria Blank/Vera Isaiasz/Nadine Lehmann (Hrsg.), Bild – Macht – UnOrdnung. Visuelle Repräsentationen zwischen Stabilität und Konflikt (Eigene und fremde Welten, Bd. 24). Frankfurt am Main 2011, 135–163.

der Innenstadt.¹⁵ Die Universität als konkreten physischen Ort im Sinne eines Gebäudes zu denken, ist jedoch erst das Ergebnis eines Jahrhunderte andauernden Prozesses des Sesshaftwerdens akademischer Personenverbände. Blicken wir zurück auf die Anfänge der Universitäten in Bologna, Paris, Oxford, Cambridge oder Prag, so haben wir es mit relativ mobilen Gruppen zu tun, die noch über keine feste institutionelle Räumlichkeit verfügten. In Anlehnung an einen Modebegriff unserer Tage: Es war ein Zeitalter, in dem jeder Akademiker einen Migrationshintergrund hatte. Am Beginn steht mit der sogenannten *authentica habita* Kaiser Friedrichs I. von 1155 ein Privileg, das die räumliche Mobilität der Scholaren sicherte und ihnen rechtliche Immunität garantierte.¹⁶ Aus diesem Privileg entwickelte sich in der Folge ein Ideal „akademischer Freiheit", das auf einem vor Umwelteinflüssen geschützten Rechtsraum basierte. Die *universitas* der Magister und Scholaren bildete fortan einen privilegierten korporativen Personenverband, der sich in bestimmten Orten einnistete und diese im Zweifelsfall auch zugunsten einer anderen, gastfreundlicheren Stadt – wie z. B. Greifswald oder Leipzig – wieder verlassen konnte.¹⁷

Ein schönes Beispiel für die symbolische Koppelung der Materialität der akademischen Architektur und der öffentlichen performativen Inszenierung des akademischen Personenverbandes bietet folgende Postkarte der Jubiläumsfeierlichkeiten der 100jährigen Zugehörigkeit Erfurts zu Preußen im Jahre 1902. Ein Modell des mittelalterlichen Universitätsgebäudes wird von als Mitgliedern der *universitas* kostümierten Männern in einem *actus publicus* durch die Straßen getragen.

---

¹⁵ Zu Rostock vgl. *Gisela Boeck/Hans Uwe Lammel/Ernst Münch/Wolfgang E. Wagner*, Vom Collegium zum Campus. Orte Rostocker Universitäts- und Wissenschaftsgeschichte. Rostock 2007.

¹⁶ *Winfried Stelzer*, Zum Scholarenprivileg Friedrich Barbarossas (Authentica „Habita"). In: Deutsches Archiv für Erforschung des Mittelalters 34, 1978, 123–165.

¹⁷ *Karsten Bahnson*, Akademische Auszüge aus deutschen Universitäts- und Hochschulorten. Diss. phil. Saarbrücken 1973.

Abb.: Historischer Festzug zu Erfurt am 21. August 1902, Ansichtskarte, Privatbesitz von Marian Füssel

Durch seine zeremonielle Ausgestaltung in Form der Choreographie der Handlungen, Kleidung, Musik etc. war der *actus publicus* räumlich wie zeitlich aus dem universitären Alltag herausgehoben und diente im Wesentlichen der Darstellung von Ordnungsprinzipien der Universität als Institution, d. h. als „symbolische Repräsentanz" ihrer Zielsetzung und ‚Verfassung'. Die alltagstranszendierenden Rituale gestalteten sich gleichsam als ein „Prozeß der Selbstcharismatisierung" der akademischen Gemeinschaft als solcher.[18] Eine ihrer Hauptfunktionen bestand insofern in der Herstellung einer „repräsentativen Öffentlichkeit" im Sinne von Jürgen Habermas, die der Visualisierung und Demonstration von Verfassungs-, Lehr-, und Gemeinschaftsordnung der Universität diente.[19] Diese richtete sich jedoch nicht nur nach innen, sondern mani-

---

[18] Zum Begriff der „Selbstcharismatisierung" vgl. *Hans Georg Soeffner*, Die Ordnung der Rituale. Die Auslegung des Alltags 2. 2. Aufl. Frankfurt am Main 1995, 115f.

[19] *Jürgen Habermas*, Strukturwandel der Öffentlichkeit. Untersuchungen zu einer Kategorie der bürgerlichen Gesellschaft. Neuwied 1962.

festierte auch ständische Geltungsansprüche nach außen, etwa gegenüber der städtischen Bevölkerung.[20]

Anhand der Chronik des Rostockers Vicke Schorler (1560–1625), die dieser für die Jahre 1584–1625 führte, lässt sich exemplarisch zeigen, wann, wo und wie die Universität und ihre Angehörigen in der städtischen Öffentlichkeit wahrgenommen wurden. Die dominanten Ereignisse sind in erster Linie die Todesfälle der Akademiker, gefolgt von den Graduierungsveranstaltungen der Magister und Doktoren sowie schließlich Einzelereignissen wie dem 200-jährigen Gründungsjubiläum der Universität 1619, studentischen Theateraufführungen oder gewaltsamen Todesfällen unter den Studenten.[21] Mit 25 Nennungen nehmen die Graduierungen breiten Raum ein und zeigen, dass die Verleihung akademischer Grade nicht nur eine zentrale Solennität darstellte, sondern der Öffentlichkeit auch einen wesentlichen Aspekt des Funktionierens der Hochschule kommunizierte.[22] Allein in vier Fällen verbanden die Kandidaten die Promotion mit der eigenen Hochzeit und sparten damit nicht nur Kosten, sondern symbolisierten den Übergang vom zwangszölibatären Studentenleben zum ‚gelehrt-bürgerlichen' Mann von Stand[23] – ein Ereignistyp, der sich auch auf der von Vicke Schorler angefertigten „Abcontrafaktur" der Stadt Rostock, einer kolorierten Federzeichnung von 1860 cm Länge und 60 cm Höhe, verbildlicht findet.[24]

---

[20] *Marian Füssel*, Gelehrtenkultur als symbolische Praxis. Rang, Ritual und Konflikt an der Universität der Frühen Neuzeit. Darmstadt 2006, 278–322.

[21] *Ingrid Ehlers* (Hrsg.), Vicke Schorler Rostocker Chronik 1584–1625 (Veröffentlichungen der Historischen Kommission für Mecklenburg; Reihe C: Quellen zur mecklenburgischen Geschichte, Bd. 3). Rostock 2000, vgl. zum Jubiläum Eintrag 361, stud. Theateraufführungen Einträge 368 u. 377, stud. Todesfälle Einträge 194, 203, 217 u. 291.

[22] Vgl. die Einträge mit den laufenden Nummern 70, 87, 88, 89, 97, 109, 120, 131, 138, 159, 174, 193, 199, 215, 229, 236, 271, 278, 347, 361, 374, 385, 422, 451, 452.

[23] Vgl. die laufenden Nummern 87, 88, 193, 271; vgl. dazu auch *Wolfgang E. Wagner*, Zwei Feste – ein Abwasch? Zum sozialen Sinn der Verbindung von Doktorpromotion und Hochzeit in der frühneuzeitlichen Universitätsstadt Rostock. In: Ernst Münch/Mario Niemann/Wolfgang E. Wagner (Hrsg.), Land – Stadt – Universität. Historische Lebensräume von Ständen, Schichten und Personen (Schriften zur Sozial- und Wirtschaftsgeschichte, Bd. 14.). Hamburg 2010, 93–116.

[24] Zur Abbildung der Kirchgangsprozession nach einer Promotionsfeier in Rostock, an die sich die Heirat des Kandidaten anschloss, vgl. *Ingrid Ehlers/Horst Witt* (Hrsg.), Die wahrhaftige „Abcontrafaktur" der See- und Hansestadt Rostock des Krämers Vicke Schorler. Rostock 1989, 97ff.

Gerade die Bewohner der Städte sahen sich alltäglich immer mehr mit der physischen und baulichen Präsenz der Akademiker konfrontiert, die nicht nur zur Untermiete wohnten, sondern den urbanen Raum auch aktiv veränderten und gestalteten. Während sich die frühen Universitäten in bereits vorhandenen angemieteten oder gekauften städtischen Orten niederließen, entstanden vom 14. Jahrhundert an auch erste architektonische Gesamtentwürfe von Universitäten.[25] Diese gingen von den Kollegien aus und orientierten sich an der Architektur der Klöster und Abteien. Frühe Beispiele sind das *Collegio di Spagna* in Bologna, das *Collège de Sorbon* in Paris oder das *New College* in Oxford.[26] Von nun an existierten in Europa zwei Modelle akademischer Räumlichkeit: Eine diffus über den städtischen Raum ausgedehnte Gemeinschaft der Lehrenden und Lernenden, die sich auf eine Vielzahl von Professorenhäusern und einige wenige zentrale Hörsaalgebäude verteilte, und eine genau lokalisierte klosterähnliche Gemeinschaft, die bis heute im Modell der sogenannten Campus-Universität fortlebt.

Die Kollegarchitektur versuchte, alle Elemente der Institution in ein räumliches Gesamtensemble zu integrieren. Lehrende und Lernende sollten idealerweise ebenso an einem Ort wohnen, wie Bibliothek, Hörsäle, anatomisches Theater oder der Karzer darin vereinigt sein sollten. In der zweiten Hälfte des 16. Jahrhunderts entstanden bedeutende Kollegbauten mit der *Sapienza* in Rom, dem Neubau der *Sorbonne* in Paris oder im Reich mit den Neugründungen der Universitäten Helmstedt und Würzburg.[27]

An der 1577 gegründeten Universität Helmstedt entstand zwischen 1592 und 1597 das 1612 eingeweihte und bis heute erhaltene Hauptgebäude der Universität: Das *Juleum Novum* und der vorgelagerte Collegienplatz bilden bis in die Gegenwart das kulturelle Wahrzeichen Helmstedts.[28] Ein genauerer Blick ins Innere dieses Gebäudekomplexes eröffnet in nuce die räumliche Strukturierung universitären Lebens der Frühen Neuzeit. Im Hörsaalbau manifestiert sich die hierarchische Ordnung der vier Fakultäten: Im Erdgeschoss ist die Aula als der größte Hörsaal den Theologen vorbehalten, ihm folgen auf der

---

[25] *Konrad Rückbrod*, Universität und Kollegium. Baugeschichte und Bautyp. Darmstadt 1977.

[26] *Michael Keine*, Die englischen und französischen Kollegientypen. Universitätsbaukunst zwischen Sakralisierung u. Säkularisierung. Diss. phil. Münster 1981.

[27] *Rückbrod*, Universität (Anm. 25).

[28] *Harmen Thies*, Das Juleum Novum - Paul Francke (Beiträge zur Geschichte des Landkreises und der ehemaligen Universität Helmstedt 9). Helmstedt 1997.

zweiten Etage die gleich großen Hörsäle für Medizin und Jurisprudenz. Der Hörsaal für die *artes liberales*, die propädeutische philosophische Fakultät, findet sich bezeichnenderweise gar nicht im gleichen Gebäude, sondern ausgegliedert im linken Flügel der Anlage. Hier befanden sich auch ein Anatomisches Theater und ein Sezierraum sowie der Karzer für die Einsperrung devianter Studenten. Im Obergeschoss befanden sich ein Disputationssaal sowie verschiedene Fakultätsräume. Im vorderen Bereich des Gebäudes waren ferner Wohnräume für Stipendiaten und Pedell, Buchläden und Stallungen untergebracht. Das rechte Gebäude beherbergte das Archiv, die Küche, Wirtschaftsräume und die Mensa, im Obergeschoss Beratungs-, Verwaltungs- und Wirtschaftsräume.

Vergleichbar funktional differenzierte universitäre Gebäudekomplexe sind im frühneuzeitlichen Reich selten. Ähnliche Bauten existierten nur im Nürnbergischen Altdorf sowie an einigen katholischen Universitäten Süddeutschlands. Vor allem im Zuge der Konfessionalisierung und Territorialisierung kam es im Reich zu einer Welle von Neugründungen, die sich ihren Raum erst aneignen mussten.[29] Die Beschaffung und Errichtung großer Gebäude für den akademischen Unterricht war zunächst einmal ein finanzielles Problem, weshalb vielfach auf bestehende Einrichtungen, wie etwa auf säkularisierten Klosterbesitz, zurückgegriffen wurde.[30] In der Entwicklung der Universitätsarchitektur spiegelt sich somit die geschichtliche Entwicklung der Institution und ihrer Selbstverwaltung wider. In der Frühen Neuzeit wich das im monastischen Bautyp verkörperte Ideal einer nach außen abgeschlossenen autonomen Genossenschaft von Lehrenden und Lernenden zunehmend der Herrschaft des Territorialstaates. Die Ästhetik des Klosters wurde durch die des Schlosses ersetzt, und die höfische Repräsentation mit ihrer öffentlichen Schauseite prägte die landesherrlichen Stätten der Bildung. Besonders sinnfällig wird dies selbst an der Universitätsgründung, die als Inbegriff der modernen Reformuniversität

---

[29] *Sönke Lorenz* (Hrsg.), Attempto – oder wie stiftet man eine Universität. Die Universitätsgründungen der sogenannten zweiten Gründungswelle im Vergleich (Contubernium, Bd. 50). Stuttgart 1999.

[30] *Hartmut Mai*, Mittelalterliche Klosterkirchen im Gebrauch deutscher Universitäten seit Einführung der Reformation. In: Wissenschaft und Weisheit. Franziskanische Studien zu Theologie, Philosophie und Geschichte 67, 2004, 234–255.

gilt: Als 1810 in Berlin eine neue Hochschule errichtet wurde, bezog sie das umgebaute Palais des Prinzen Heinrich an der Prachtstraße Unter den Linden.[31] Der neue Palast des Wissens stand nun in unmittelbarer Nachbarschaft zu anderen herrschaftlichen Gebäuden und wurde Teil fürstlicher Machtdarstellung. Eine Repräsentationsstrategie, die bis heute in zahllosen Universitäten und Forschungseinrichtungen fortlebt, die in Schlössern (z. B. Bonn, Münster, Mannheim, Osnabrück) untergebracht sind und gegenwärtig wiederum in Berlin einen besonderen Ausdruck findet. So soll der Neubau des Berliner Stadtschlosses künftig unter anderem die akademischen Sammlungen der Humboldt-Universität beherbergen.[32]

Ein besonderer Typus akademischer Sammlung, vielleicht sogar der älteste, ist die Bibliothek.[33] An ihrer Geschichte kann die Spannung von ‚öffentlich' und ‚privat' besonders gut verdeutlicht werden.[34] In der Frühen Neuzeit bildeten die Privatbibliotheken von Gelehrten und die jeweilige Universitätsbibliothek eine funktionale Einheit.[35] Vom 17. und 18. Jahrhundert an gingen immer mehr Professorenbibliotheken dann in öffentlichen Universitätsbibliotheken auf, die nun zunehmend die privaten Sammlungen – zumindest dem Anspruch

---

[31] *Klaus-Dietrich Gandert*, Vom Prinzenpalais zur Humboldt-Universität. Die historische Entwicklung des Universitätsgebäudes in Berlin mit seinen Gartenanlagen und Denkmälern. Leipzig 2004.

[32] Aus der ebenso umfangreichen wie kontroversen Literatur vgl. nur *Beate Binder*, Vom Preußischen Stadtschloss zum Humboldt-Forum: Der Berliner Schlossplatz als neuer nationaler Identifikationsort. In: Yves Bizeul (Hrsg.), Rekonstruktion des Nationalmythos? Frankreich, Deutschland und die Ukraine im Vergleich. Göttingen 2013, 99–120.

[33] Als Überblicke zum Sammlungswesen vgl. *Cornelia Weber*, Universitätssammlungen- und Museen. In: Ulrich Rasche (Hrsg.), Quellen zur frühneuzeitlichen Universitätsgeschichte. Typen, Bestände, Forschungsperspektiven. Wiesbaden 2011, 83–118; *Manfred Komorowski*, Bibliotheken. In: Ebd., 55–81; *Marian Füssel*, Die Universität der Dinge. Zur universitätshistorischen Verortung des Sammlungswesens. In: Georg-August-Universität Göttingen (Hrsg.), Dinge des Wissens. Die Sammlungen, Museen und Gärten der Universität Göttingen. Begleitband zur Ausstellung. Göttingen 2012, 52–59.

[34] *Marian Füssel*, Aus privat wird öffentlich. Zur Genese der öffentlichen Bibliotheken in der Frühen Neuzeit am Beispiel der Universitäten. In: Oliver Auge/Falk Eisermann (Hrsg.), Paläste des Wissens, Privatbibliotheken im späten Mittelalter und in der frühen Neuzeit. Berlin 2015 (im Druck).

[35] *Gerhard Streich*, Die Büchersammlungen Göttinger Professoren im 18. Jahrhundert, in: Paul Raabe (Hrsg.), Öffentliche und private Bibliotheken im 17. und 18. Jahrhundert: Raritätenkammern, Forschungsinstrumente oder Bildungsstätten? (Wolfenbütteler Forschungen, Bd. 2). Bremen u.a. 1977, 241–299.

nach – entlasten konnten.³⁶ Bis in das 19. Jahrhundert erwies sich jedoch der verfassungsmäßige Charakter der Universität als privilegierter Personenverband als so prägend, dass sich auch der Buchbesitz dezentral auf seine einzelnen Mitglieder verteilte. Die Aufhebung gelehrter Privatbibliotheken und ihre Übernahme in öffentliche Universitätsbibliotheken kann als Seismograf für die Ausdifferenzierung des Wissenschaftssystems gewertet werden. Im Übergang von der barocken Wissenstopologie individueller Sammlungsbestände zu einer umfassenden systematischen Katalogisierung lässt sich der Institutionalisierungsgrad einer Universitätsbibliothek ablesen. Auch der Universitätsbibliothekar, ein Amt, das in der Frühen Neuzeit Nebenaufgabe eines Professors war, differenzierte sich nun allmählich als eigene Rolle und als eigenes berufliches Kompetenzfeld aus. Schließlich brachte der Übergang von privaten Sammlungen zu öffentlichen Bibliotheken eine deutliche Verbesserung der Zugangsbedingungen. Gerade Studenten wurden parallel zur Förderung individueller Leistungen auch bessere Nutzungsbedingungen eingeräumt. Die Universitätsbibliotheken spielten eine tragende Rolle im Prozess der Entstehung öffentlicher Bibliotheken. An ihnen manifestierte sich die Nützlichkeit ganz praktisch, indem sie Teil des Studiums waren, während das überregionale Netzwerk der Gelehrtenrepublik ihre Bestände bekannt machte und zu nutzen wusste. Ihr Konstitutionsprozess war jedoch eher ein Phänomen der Emergenz als der bewussten Planung. Erst in der zweiten Hälfte des 18. Jahrhunderts bildeten sich bestimmte institutionelle Mechanismen wie die Verrechtlichung von Bibliotheksordnungen, ein fester Etat und eine Professionalisierung des Personals heraus, die den Bibliotheken den Charakter des Zufälligen und Willkürlichen mehr und mehr nahmen.

Blicken wir noch einmal zurück auf das Gebäude der Universität Helmstedt. Das Helmstedter Ensemble wirkt auf den ersten Blick ähnlich autark wie eine moderne amerikanische Campus-Universität; von der Lehre über die Speisegemeinschaft bis hin zur Ausübung der eigenen Gerichtsbarkeit konzentrieren sich grundlegende Praktiken an einem Ort. Doch einige wesentliche Elemente fehlen: Auch wenn es im Erdgeschoss des Juleums eine Universitätsbibliothek gab, beinhaltete diese nur einen geringen Teil des privaten Bücherbesit-

---

³⁶ *Hugo Kunoff*, The Foundations of the German Academic Library. Chicago 1982; *Gotthardt Frühsorge*, Zur Rolle der Universitätsbibliotheken im Zeitalter der Aufklärung, in: Werner Arnold/Peter Vodosek (Hrsg.), Bibliotheken und Aufklärung. Wiesbaden 1988, 61–81.

zes, der sich über die Professorenwohnungen der Stadt verteilte.[37] Neben den Wohnungen der Professoren existierten keine Büroräume im modernen Sinne und die Vorlesungsräume waren ausschließlich für die öffentlichen Lektionen – die collegia publica – bestimmt, die jedoch nur einen kleinen Teil der gesamten Lehre ausmachten. Den eigentlich lukrativen Teil der Lehre bildeten die collegia privata oder privatissima – Lehrveranstaltungen zu aktuellen und begehrten Themen, die im Haus des Professors für bare Münze erteilt wurden.[38] Das wesentliche intellektuelle Leben des Professors – Forschung wie Lehre – spielte sich damit in seinem eigenen Haus ab, das zusätzlich noch einige Studenten zur Untermiete beherbergen konnte.[39]

Der Professor allein zu Hause? Oder: Das Private ist öffentlich

Universitäten wie Oxford und Cambridge waren seit dem späten Mittelalter vom bruderschaftlich-monastischen Modell der Colleges geprägt. An diesen Universitäten herrscht bis in die jüngere Gegenwart ein geradezu männerbündischer Zwang zur Geselligkeit, der sich etwa in den Portweinritualen an den Hightables der Colleges manifestiert.[40] Auf dem Kontinent und vor allem im Reich setzte jedoch bereits im Spätmittelalter ein Säkularisierungs- und räumlicher Differenzierungsprozess der Universitäten ein, der es den Professoren

---

[37] Vgl. *Werner Arnold*, Universitätsbibliothek und Professorenbibliotheken. In: Jens Bruning/Ulrike Gleixner (Hrsg.), Das Athen der Welfen. Die Reformuniversität Helmstedt 1576–1810. Wolfenbüttel 2010, 270–275.

[38] Vgl. *Ewald Horn*, Kolleg und Honorar. Ein Beitrag zur Verfassungsgeschichte der deutschen Universitäten. München 1897; *Marian Füssel*, Lehre ohne Forschung? Die Praxis des Wissens an der vormodernen Universität. In: Martin Kintzinger/Sita Steckel (Hrsg.), Akademische Wissenskulturen: Praktiken des Lehrens und Forschens vom Mittelalter bis zur Moderne. Basel 2015, 59–87.

[39] Zu Helmstedt vgl. *Elizabeth Harding*, Der Gelehrte im Haus. Ehe, Familie und Haushalt in der Standeskultur der frühneuzeitlichen Universität Helmstedt. Wiesbaden 2014.

[40] *Peter Burke*, Das „college" in Oxbridge – ein Männerbund? In: Gisela Völger/Karin v. Welck (Hrsg.), Männerbande, Männerbünde. Bd. 2. Köln 1990, 65–70. Als Überblick zu Räumen und Praktiken akademischer Geselligkeit vgl. *Kirsten Bernhardt/Barbara Krug-Richter/Ruth-E. Mohrmann* (Hrsg.), Gastlichkeit und Geselligkeit im akademischen Milieu in der Frühen Neuzeit. Münster u.a. 2013.

ermöglichte, zu heiraten und eigene Professorenhaushalte zu gründen.[41] Jenseits der vom Jesuitenorden geprägten Hochschulen bildete das Professorenhaus an den meisten Universitäten des frühneuzeitlichen Reiches fortan die Grundeinheit akademischer Soziabilität.[42] Der sprichwörtliche Professorentisch wurde zur Keimzelle exklusiver Kommunikationszirkel, deren vorläufigen Endpunkt vielleicht das Oberseminar bildet.[43] Die eigenen vier Wände boten den Professoren jedoch von nun an auch besondere private Rückzugsmöglichkeiten, die gerade das Arbeitszimmer (Studiolo) als Ort der Einsamkeit auswiesen.[44]

Gerade eine Einbeziehung der privaten Räume bringt auch die weiblichen Lebenswelten im Umkreis der Universitäten zutage. So konnte ein Professor seine „beruflichen Pflichten" nur erfüllen, „wenn er eine Frau hatte, die ihm den Haushalt führte und ihn in seinen gesellschaftlichen und sozialen Pflichten unterstützte."[45] Seine Arbeit füllte dabei im „Idealfall" den Tag so aus, dass keine Zeit mehr für andere Dinge blieb. Besonders deutlich wird es 1796/97 im Bericht eines ungarischen Studenten über den Göttinger Historiker Johann Christoph Gatterer (1727–1799): Wenn Gatterer nicht gerade im Auftrage der Universität mit der Wetterbeobachtung beschäftigt war,

---

[41] *Wolfgang E. Wagner*, Verheiratete Magister und Scholaren an der spätmittelalterlichen Universität. In: Frank Rexroth (Hrsg.), Beiträge zur Kulturgeschichte der Gelehrten im späten Mittelalter (Vorträge und Forschungen, Bd. 73). Ostfildern 2010, 71–100.

[42] *Birgit Panke-Kochinke*, Göttinger Professorenfamilien. Strukturmerkmale weiblichen Lebenszusammenhangs im 18. und 19. Jahrhundert. Pfaffenweiler 1993; *Theresa Schmotz*, Die Leipziger Professorenfamilien im 17. und 18. Jahrhundert. Eine Studie über Herkunft, Vernetzung und Alltagsleben. Stuttgart 2012; *Harding*, Gelehrte im Haus (Anm. 39).

[43] *Marian Füssel*, Der magische Tisch. Soziale Raumbezüge studentischen Lebens der Barockzeit im Spiegel einer Scherzdisputation. In: Karin Friedrich (Hrsg.), Die Erschließung des Raumes. Konstruktion, Imagination und Darstellung von Räumen und Grenzen im Barockzeitalter. 2 Bde. Wiesbaden 2014, Bd. 2, 489–504; *Martin Mulsow*, Von der Tischgesellschaft zum Oberseminar. Zur historischen Anthropologie mündlicher Wissenschaftskommunikation. In: ders., Die unanständige Gelehrtenrepublik. Wissen, Libertinage und Kommunikation in der Frühen Neuzeit. Stuttgart 2007, 121–142.

[44] *Wolfgang Liebenwein*, Studiolo. Die Entstehung eines Raumtyps und seine Entwicklung bis um 1600. Berlin 1977; *Dora Thornton*, The Scholar in his Study: Ownership and Experience in Renaissance Italy. New Haven/London 1997.

[45] *Panke-Kochinke*, Professorenfamilien (Anm. 42), 7.

„saß er fortwährend am Schreibtisch und schrieb oder las; wenn es Zeit war, begab er sich aus dem Studierzimmer in sein Auditorium und von dort nach Beendigung seiner Vorlesung zurück an den Schreibtisch. Um 12 Uhr ging er zum Mittagessen ins Erdgeschoß zu seiner Frau, nach einer halben Stunde kam er wieder nach oben und setzte sich an den Schreibtisch; so ist das Leben der hiesigen Professoren eine einzige Sklaverei, denn entweder studieren sie, oder sie lehren, kaum gehen sie mal an einem Tag eine Stunde spazieren. Auch die Frauen Professor klagen über ihr Leben, hätten sie doch voller Hoffnung geheiratet, herrschaftliche Damen zu werden, die behaglich lebten, dabei gab es in ihrem Leben nichts Ergötzliches, sie leben abgeschieden und wie in Gefangenschaft; nur ein bis zwei Viertelstunden beim Mittag- und Abendessen bekommen sie den Gatten zu Gesicht, auch dann mit gerunzelter, düsterer Stirn, den Kopf voller Gedanken und ohne ein geneigtes Wort, vielleicht merkt er noch nicht einmal, was er isst."[46]

Auch die unbewusste Weltvergessenheit des Gelehrten, der nur Augen für seine Studien hat, konnte im Sinne der Stabilisierung dieser ungleichen „Arbeitsteilung" also durchaus funktional sein,[47] schienen doch Alternativen unter diesen Bedingungen kaum denkbar. Neuere wissenschaftshistorische Studien haben jedoch inzwischen wiederholt darauf hingewiesen, dass das Leben eines frühmodernen Professors – gerade auch was seine wissenschaftliche Produktivität anbelangt – keineswegs isoliert von seinem häuslichen Lebenszusammenhang betrachtet werden kann. So hatten die Frauen der Gelehrten oftmals großen Anteil an deren wissenschaftlicher Arbeit.[48] In einem Reisebericht des Straßburger Magisters Philipp Heinrich Patrick (1747–1819) der Jahre 1774/75 heißt es beispielsweise über den Leipziger Arabisten Johann Jakob Reiske (1716–1774):

---

[46] *István Futaky* (Hrsg.), „Selige Tage im Musensitz Göttingen". Stadt und Universität in ungarischen Berichten aus dem 18. und 19. Jahrhundert. Göttingen 1991, 40f.

[47] *Gadi Algazi*, Gelehrte Zerstreutheit und gelernte Vergesslichkeit. Bemerkungen zu ihrer Rolle in der Herausbildung des Gelehrtenhabitus. In: Peter von Moos (Hrsg.), Der Fehltritt. Vergehen und Versehen in der Vormoderne. Köln/Weimar/Wien 2001, 235–250.

[48] *Monika Mommertz*, Schattenökonomie der Wissenschaft. Geschlechterordnung und Arbeitssysteme in der Astronomie der Berliner Akademie der Wissenschaften im 18. Jahrhundert. In: Theresa Wobbe (Hrsg.), Frauen in Akademie und Wissenschaft. Arbeitsorte und Forschungspraktiken 1700–2000. Berlin 2002, 31–63.

„Seine Frau war von Anfang bis zu Ende in der Stube; sie ist ziemlich hübsche von Gesicht und munter im Umgange und (opfert sich?) ihrem Manne ganz auf, dem zu Gefallen sie griechisch gelernt hat und es wohl versteht; auch schreibt sie arabisch. (Sie macht) ihrem Mann die Register zu seinen Büchern und ist mit einem Wort sein Gehilfe."[49]

Ein bewusstes Heraustreten aus dem Schatten des Mannes war jedoch kaum denkbar.

Vergegenwärtigt man sich, dass Vorlesungen häufig in den eigenen privaten Wohnräumen abgehalten wurden und das eigene Studierzimmer sich im Zeitalter vor dem Dienstbüro ebenfalls in den eigenen vier Wänden befand, so wird deutlich, dass die meiste Arbeit des Professors zu Hause verrichtet wurde. Für die standesgemäße Wohnsituation des Gelehrten enthält die zeitgenössische Anstandsliteratur genaue Vorgaben. Die Wohnung hat dem Mittelweg des *decorum* entsprechend weder „allzu magnifique" zu sein, noch sich im „äussersten Winckel, oder sonst garstigsten Orth der Stadt" zu befinden. Denn die „Abgelegenheit […] des Hauses, kann ein Indicium eines finstern und singulairen Kopfes, oder einer Filtzigkeit abgeben".[50] Bei der Inneneinrichtung ist eine der jeweiligen Fakultät angemessene Ausstattung zu wählen, denn

„lächerlich macht man sich, wann man sein Hauß mit solchen Meublen anfüllt, die sich zu seiner Profession gar nicht schicken, und hergegen einen andere negligiret. Wann e.g. ein Theologus sein Wände mit lasciven Gemählden und allerhand Waffen behängt, Tisch und Bäncke mit Reitzeug, allerhand Spiel-Instrumenten, Galanterien etc. belegt, und dabey ein paar Reyhen von Postillen stehen hat. Oder ein Jurist sich mit Dingen, die zur Jäger- oder Gärtnerey gehören, schleppet".[51]

Inneneinrichtung war insofern keine reine Privatsache, sondern tangierte auch die öffentliche Wahrnehmung der gelehrten Persona. Die Professorenhäuser

---

[49] *Theodor Renaud*, Das Tagebuch des cand. theol. Magisters Philipp Heinrich Patrick aus Straßburg über seinen Aufenthalt an deutschen Universitäten 1774 und 1775. In: Jahrbuch für Geschichte, Sprache und Literatur Elsass-Lothringens XXII, 1906, 107–203 und XXIV, 1908, 146–224, hier 172.

[50] Vgl. [*Anonym*], Lebhaffte Abbildungen und Grundrisse Der Thorheit und Klugheit. Oder Gründlicher Unterricht, Wie sich ein Mensch aller abgeschmackten und schädlichen Aufführung entäussern, und hergegen einer Klugen Conduite […] zu befleissigen habe, Frankfurt u. Leipzig: Johann Friedrich Schmid 1715, 51ff.

[51] Ebd., 56.

waren dabei häufig so gestaltet, dass Vorlesungsraum und Studierzimmer in „größtmöglicher Distanz zum häuslichen Geschehen" standen. In mehrstöckigen Häusern blieb dabei häufig ein Stockwerk der geistigen Arbeit vorbehalten. Die Lehre fand in vielen Universitätsstädten somit räumlich weit gestreut statt, wie plastisch aus der bereits zitierten Autobiographie eines Ende des 18. Jahrhunderts in Göttingen studierenden Ungarn hervorgeht:

> „Ein Auditorium, wo die Professoren lehren, hat jeder Professor privat in seiner Wohnung, und zwar einen größeren Raum neben dem Studierzimmer; durch eine Tür tritt er aus seinem Studierzimmer in das Auditorium, er stellt sich einfach in die Tür, wo das Katheder steht, und beginnt zu lesen, ungeachtet dessen, ob seine Schüler angekommen sind oder nicht. Daher muss man, um sich nicht zu verspäten, schnell von der Vorlesung des einen Professors zu der des andern eilen, oft von einem Ende der Stadt zum anderen, weil die Professoren ganz verstreut wohnen".[52]

Ab dem späten 18. Jahrhundert zeichnet sich dann hinsichtlich der Wohnsituation der Professoren ein allmählicher Wandel ab. Das ganze Haus des Professors, verstanden als Wohn-, Arbeits- und Lehrstätte, das neben der eigenen Familie auch häufig noch Studenten beherbergte, wurde angesichts eines sich auch räumlich bemerkbar machenden funktionalen Ausdifferenzierungsprozesses immer mehr zum wirklichen Privatraum im modernen Verständnis. Markierte die Entstehung des Büros und öffentlicher Vorlesungs- und Arbeitsräume in räumlicher Hinsicht die Unterscheidung zwischen öffentlicher Institution und privater Lebenswelt, so betrafen entsprechende Prozesse auch die einzelne akademische Person. So hat etwa William Clark am Beispiel von Fragebögen, welche die herzogliche Regierung in Wolfenbüttel an Professoren der Universität Helmstedt sendete, gezeigt, dass weder in der Wahrnehmung der Professoren noch der Obrigkeit eine klare Trennung von öffentlicher und privater Sphäre oder einer öffentlichen oder privaten Person existierte.[53]

Die gesellschaftliche Außenwahrnehmung des Professors war besonders durch die zeremonielle Inszenierung der akademischen Gemeinschaft geprägt, doch stellte sich seit der Reformation immer mehr das Problem der Differenzierung zwischen Alltags- und Festkleidung. So trug man die Schauben und Talare, die

---

[52] *Futaky*, Selige Tage (Anm. 46), 17.
[53] *William Clark*, Academic Charisma and the Origins of the Research University. Chicago 2006, 351.

in öffentlichen Prozessionen ein relativ uniformes Auftreten der akademischen Korporation ermöglichten, im 17. und 18. Jahrhundert keineswegs mehr in jeder Situation.[54] Eine eindeutige Erkennbarkeit anhand der Kleidung war immer weniger gegeben und beschränkte sich zunehmend auf den Bereich des Außeralltäglichen. Im Alltag war ein Akademiker in der Folge tendenziell nicht mehr von einem anderen gut situierten Bürger zu unterscheiden. Stattdessen konnte ungepflegte Alltagskleidung zu dem hervorstechenden Signum des pedantischen Gelehrten werden.

Ein Blatt aus dem Stammbuch des späteren Gießener Professors Ludwig Julius Friedrich Hoepfner (1743–1797) zeigt eine Kollegszene in der Privatwohnung eines Professors aus dem Jahr 1764.[55] Der hier lehrende Professor ist unschwer am rechten Rand an seinem Schlafrock zu erkennen. Im 18. Jahrhundert war es zu einer Art Mode unter Gelehrten geworden, auch jenseits des Studierzimmers ständig im Schlafrock einherzugehen. Dies folgte zunächst pragmatischen Gründen, einer geeigneten „Arbeitskleidung" für den Schreibtisch. Hinzu traten jedoch auch symbolische Aspekte, da ausgehend von der höfischen Kultur auch das gehobene Bürgertum den Schlafrock als distinktives Kleidungsstück entdeckte, das in seiner Ausstattung durchaus kostspielig sein konnte. In die Ikonographie des deutschen Professors ging der Schlafrock prominent noch 1828 ein, als Julius Ludwig Sebbers den damals 58-jährigen Georg Wilhelm Friedrich Hegel (1770-1831) in einer Lithographie im Schlafrock in seiner Studierstube porträtierte.[56]

Von der Universität Duisburg berichtet Professor Eichmann am 17.5.1769 dem preußischen Minister: „Bisher ist die üble Gewohnheit eingerissen, dass die Professores zum Theil in dem Schlaf-Rock Collegia halten. Es scheinet dies aber gegen den Wohlstand zu sein und kein gutes Exempel zu geben."[57] 1776 wird auch an der Universität Herborn von der Obrigkeit ein Verbot erlas-

---

[54] *Marian Füssel*, Talar und Doktorhut. Die akademische Kleiderordnung als Medium sozialer Distinktion. In: Barbara Krug-Richter/Ruth Mohrmann (Hrsg.), Frühneuzeitliche Universitätskulturen. Kulturhistorische Perspektiven auf die Hochschulen in Europa. Köln u.a. 2009, 245–271.

[55] Vgl. die Abbildung bei *Rainer A. Müller*, Geschichte der Universität. Von der mittelalterlichen Universitas zur deutschen Hochschule. Hamburg 1996, 149.

[56] *Karl Schumm*, Bildnisse des Philosophen Georg Wilhelm Friedrich Hegel. Stuttgart 1974, 6–7, 21–27.

[57] *Conrad Bornhak*, Geschichte der preussischen Universitätsverwaltung bis 1810. Berlin 1900, 135.

sen, Vorlesungen im Schlafrock zu halten.[58] Grund dieser auch an vielen anderen Universitäten zu beobachtenden Entwicklung dürfte die mangelnde Trennung von öffentlichem und privatem Raum des Gelehrten sein. Aus Sicht der Obrigkeit war das Auftreten im Schlafrock nicht nur moralisch fragwürdig bzw. wenig Respekt gebietend, sondern nivellierte auch den Charakter der Universität als öffentliche Institution.

Auch in der literarischen Reflexion des Professorenhabitus zählt der Schlafrock zu einem zentralen Erkennungszeichen. In Gustav Freytags (1816–1895) Gelehrtenroman „Die verlorene Handschrift" (1864) leidet die Frau des Professors Raschke unter anderem darunter, dass ihr Mann

„an einem Markttage in seinem Schlafrock zur Universität gezogen war, in einem leuchtenden Schlafrock, orange und blau mit türkischen Mustern. Seine Studenten, die ihn zärtlich liebten und seine Gewohnheiten wohl kannten, hatten doch ein lautes Lachen nicht unterdrückt, und Raschke hatte ruhig den Schlafrock über das Katheder gehängt und in Hemdsärmeln gelesen, und war im Ueberzieher eines Studenten nach Hause gekommen."[59]

Die Episode zeigt, dass Mitte des 19. Jahrhunderts das öffentliche Auftreten im Schlafrock nun offenbar als eine der gelehrten Zerstreutheit geschuldete Peinlichkeit empfunden wurde.

Geheimnis und Geselligkeit

Neben den verschiedenen öffentlichen Räumen und Handlungen gab es auch dezidierte Grenzziehungen und akademische Arkana. Hierzu zählten etwa bestimmte Rechts- und Verfassungsdokumente wie die Matrikeln oder Statuten. So bestimmen etwa die ältesten Rostocker Statuten, dass kein „Mitglied unserer Universität – welchen Standes oder Würde es sei – öffentlich gegen die Statuten der Universität redet und sie verächtlich macht."[60] Während die Privilegien und studentischen Disziplinargesetze auch schriftlich öffentlich gemacht

---

[58] Vgl. *Carl Heiler*, Der Herborner Student 1584–1817. In: Nassauische Annalen 55, 1935, 1–100, hier 23.

[59] *Gustav Freytag*, Die verlorene Handschrift. Roman in fünf Büchern, Erster Theil, Leipzig 1902, 321.

[60] *Michael*, Recht und Verfassung (Anm. 4), Bd. 2., 117.

wurden, galt das für die Statuten nicht.[61] Als während der Inaugurationsfeiern der Göttinger Universität 1737 zwei Professoren aus Helmstedt als Ehrengäste Inhalte der Statuten zu erfahren suchten, wies man sie mit dem Hinweis ab, dass „solche pro arcanis Academiae gehalten und nicht publiciret werden würden."[62] Diese Diskretion steht zunächst in einem gewissen Widerspruch zur gängigen Praxis der öffentlichen Statutenvorlesung.[63] Dieser lässt sich möglicherweise dadurch auflösen, dass einerseits an der gerade gegründeten Göttinger Hochschule noch eine besondere Sensibilität gegenüber ihren ‚Betriebsgeheimnissen' herrschte, andererseits durch eine genauere Differenzierung, welche Teile der Statutenwerke eigentlich konkret verlesen wurden. Die jeweiligen Fakultätsstatuten dürften beispielsweise von der öffentlichen Verlesung ausgenommen gewesen sein. Etwas deutlicher wird die Lage in Göttingen durch ein Schreiben des Kurators Gerlach Adolph von Münchhausen (1688–1770), in dem dieser festhält, die Statuten seien

> „nullo de publicandis, sie gehören nur zu direction und Professoren selbst. Daher auch nicht gewöhnlich, daß solche gedrucet werden, es sey denn von gantz alten Universitäten, da sie obsolet und nullo mehr in usu sind. Also sind wohl die statuta von Erfurth, Leipzig u. Heidelberg im Druck, aber nicht von Halle u. andern neuen Universitäten. Accedit, daß die Statuta Götting. noch gar was unvollkommens sind, u. mit der Zeit erst besser werden müssen."[64]

Insbesondere die Präsenz des studierenden Adels führte immer wieder zu Grenzziehungsdynamiken zwischen öffentlichen und geheimen Räumen. So ereigneten sich an der Universität Helmstedt zu Beginn des 18. Jahrhunderts mehrere Konflikte mit Adeligen, die begehrten, an den Sitzungen der juristischen Fakultät teilnehmen zu dürfen, um mehr Einblick in die Rechtspraxis zu

---

[61] Vgl. *Ulrich Rasche*, Kommunikationspraktiken und mediale Formen studentischer Disziplinarordnungen in der Frühen Neuzeit. In: Jahrbuch für Universitätsgeschichte 17, 2014 (im Druck).

[62] *Wilhelm Ebel* (Hrsg.), Die Privilegien und ältesten Statuten der Georg-August-Universität zu Göttingen. Göttingen 1961, 9.

[63] Vgl. *Rasche*, Kommunikationspraktiken (Anm. 61).

[64] *Steffen Hölscher*, Chef – Director – Canzler. Universitätsverwaltung als Organisationsproblem (Göttingen 1734–1747). In: ders./Sune Erik Schlitte (Hrsg.), Kommunikation im Zeitalter der Personalunion (1714– 1837). Prozesse, Praktiken, Akteure. Göttingen 2014, 259–280, hier 265.

erhalten.[65] Der Zugang wurde ihnen jedoch erfolgreich verweigert und die institutionelle Autonomie zumindest im Bereich der Selbstverwaltung und der Geschäftsgänge dadurch gewahrt. Adelige studierten zum Teil incognito, sei es, um Gebühren zu sparen oder um einen anderen Lebensstil zu pflegen, und bei akademischen Initiationsritualen kam es vor, dass adelige Studenten sich ausbaten, das Ritual nicht-öffentlich in ihrer eigenen Wohnung zu absolvieren.[66]

Im Verlauf des 18. Jahrhunderts, das in der Forschung häufig als das „Jahrhundert der Geselligkeit" firmiert, kam es zu einem grundlegenden Wandel der Räume der Soziabilität, der auch vor der akademischen Lebenswelt nicht haltmachte. Die Unhöflichkeit und Ungeselligkeit der Professoren wurde nun zunehmend als Problem wahrgenommen, auf das in der verhaltensethischen Literatur mit einem eigenen *decorum* reagiert wurde.[67] Viele der neuen Theoretiker der Geselligkeit und einer „gescheiden Conduite" wie Christian Thomasius (1655–1728), Christian Wolff (1679–1754) oder Christoph August Heumann (1681–1764) waren allerdings selbst Professoren.[68]

Zu einer prägenden Gruppe unter den aktiv Geselligen des 18. Jahrhunderts wurden die Professoren jedoch vor allem mit der Etablierung der Freimaurerei auf dem Kontinent. Der Begriff „Universitätsloge" findet dabei einerseits Anwendung auf Logen an englischen Universitäten wie Oxford und Cambridge, andererseits auf Logen im Alten Reich, die einen dominanten Anteil akademischer Mitglieder (Professoren und Studenten) aufwiesen.[69] In den allermeisten

---

[65] *Füssel*, Gelehrtenkultur (Anm. 20), 261–262.

[66] Vgl. *Norbert Conrads*, Das Incognito. Standesreisen ohne Konvention. In: Rainer Babel/Werner Paravicini (Hrsg.), Grand Tour. Adeliges Reisen und europäische Kultur vom 14. bis zum 18. Jahrhundert. Stuttgart 2005, 591–607, hier 602; *Marian Füssel*, Riten der Gewalt. Zur Geschichte der akademischen Deposition und des Pennalismus in der frühen Neuzeit. In: Zeitschrift für historische Forschung 32/4 (2005), 605–648, hier 629.

[67] Vgl. *Manfred Beetz*, Der anständige Gelehrte. In: Sebastian Neumeister/Conrad Wiedemann (Hrsg.), Res publica litteraria: die Institution der Gelehrsamkeit in der frühen Neuzeit. 2 Bde., Wiesbaden 1987, Bd. 1, 153–173.

[68] Vgl. zu „gescheiden Conduite" das Titelblatt von Christian Thomasius, Kurtzer Entwurff der politischen Klugheit. In: Ausgewählte Werke von Christian Thomasius, hrsg. von Werner Schneiders. Bd. 16. Hildesheim/Zürich/New York 2002; allg. vgl. *Wolfram Mauser*, Geselligkeit. Zu Chance und Scheitern einer sozialethischen Utopie um 1750. In: Aufklärung 4/1, 1989, 5–36, hier 7–16.

[69] Vgl. den Eintrag „Universitätslogen, englische". In: Eugen Lennhoff/Oskar Posner/Dieter A. Binder, Internationales Freimaurerlexikon. München 2000, 863.

Universitätsstädten kam es schon rasch nach Einrichtung der ersten deutschen Loge in Hamburg 1737 zu Logengründungen.[70] An der 1694 inaugurierten Universität Halle etwa entstand die frühe Logenkultur ganz aus akademischen Kreisen. Im Dezember 1743 gründete eine Gruppe von fünf Jurastudenten die Loge „Zu den drei Schlüsseln". Als diese um 1756 ihre Arbeit einstellte, gründeten acht Studenten und junge Doktoren im Dezember des Jahres eine neue Loge mit Namen „Philadelphia". Auch ihre Existenz war nur von kurzer Dauer und endete 1764. 1765 wurde in Halle dann die Loge „Zu den Drei Degen" gegründet, die bis 1934 existierte.

Auf Anregung zweier Hallenser Studenten wurde in Göttingen 1747 die Loge „Friedrich" als Deputationsloge der ein Jahr zuvor eingerichteten gleichnamigen Hannoveraner Loge gegründet.[71] Zu ihren Mitgliedern zählten unter anderen Professoren wie Christian Friedrich Georg Meister (1718–1782), Georg Ludwig Böhmer (1715–1797) und Johann Stephan Pütter (1725–1807). Die Loge löste sich jedoch bereits 1751 wieder auf. Einige Jahre später erfolgte 1765 mit „Augusta zu den drei Flammen" eine langlebigere Gründung, die um 1779 unter ihren 80 Mitgliedern 6 Professoren, 21 Studenten und 40 weitere akademisch Gebildete versammelte. Die Leitung der Loge hatte meist ein Professor inne: so etwa Johann Benjamin Koppe (1750–1791), Ludwig Timotheus Spittler (1752–1810) und August Gottlieb Richter (1742–1812). Die enge Verbindung von Loge und Universität zeigte sich auch mit der Einrichtung des „akademischen Hospitals" ab 1778, das im Haus einer von den Freimaurern erworbenen ehemaligen Gastwirtschaft „Zu den sieben Thürmen" eingerichtet wurde.[72]

---

[70] Heidelberg (angeblich 1737), Halle (1741), Leipzig (1741), Wien (1742), Jena (1744), Wittenberg (1744), Marburg (1745), Trier (1746), Göttingen (1747), vgl. *Richard van Dülmen*, Die Gesellschaft der Aufklärer. Zur bürgerlichen Emanzipation und aufklärerischen Kultur in Deutschland. Frankfurt am Main 1986, 155.

[71] Zur Geschichte der Göttinger Freimaurer existiert bislang keine neuere Gesamtdarstellung, vgl. jedoch die dazu in Bearbeitung befindliche Dissertation von Christian Wirkner (Gotha). Aus der älteren Literatur vgl. *Paul Ssymank*, Die Geschichte der Freimaurerei in Göttingen. 1744 bis 1935. Manuskript Göttingen 1935, daran anknüpfend vgl. [*Städtisches Museum Göttingen*] (Hrsg.), 225 Jahre Freimaurer in Göttingen: Ausstellung im Städt. Museum am Ritterplan in Göttingen vom 8.9. bis 1.10. 1972. Göttingen [1972]; *Arndt Wolf*, 250 Jahre Freimaurer in Göttingen: 1747 – 1997. Göttingen 1997.

[72] *Volker Zimmermann*, „Eine Medicinische Facultät in Flor bringen". Zur Geschichte der Medizinischen Fakultät der Georg-August-Universität Göttingen. Göttingen 2009, 33–38.

1773 erfolgte eine weitere Göttinger Logengründung „Zum goldenen Zirkel", bis es 1793 zu einem allgemeinen Verbot aller geheimen Ordensverbindungen seitens der Landesregierung kam.

In Erlangen, wo 1743 die ein Jahr zuvor in Bayreuth gegründete Universität Einzug gehalten hatte, gründete sich 1755 eine „Teutsche Gesellschaft" und 1757 die Loge „Libanon zu den drei Cedern". Während das aktive professorale Engagement in der Sprachgesellschaft jedoch eher auf eine Minderheit beschränkt blieb, gestaltete sich die freimaurerische Aktivität der Ordinarien offenbar wesentlich reger. Olaf Willett konnte trotz nicht überlieferter Mitgliederlisten in seiner Sozialgeschichte Erlanger Professoren unter diesen immerhin 15 Mitglieder der Loge ermitteln.[73] In Rostock kam es erst 1760 zur Gründung einer Loge mit Namen „Zu den drei Sternen".[74] In ihr waren offenbar auch Studenten aktiv, doch schon 1780 brach das Logenwesen in Mecklenburg zusammen und erst 1799 kam es zu neuer Aktivität der Rostocker Loge.

Besonders komplex gestalteten sich die Verhältnisse an der Universität Jena, anhand derer die Forschung zwischen „akademischen Logen" und Studentenorden differenziert hat. Bis in die 1760er Jahre gab es in Jena von Studenten wie Professoren frequentierte Gesellschaften wie den „Orden der Harmonie – Loge zum rothen Stein in Jena", die „Friedrichsloge im Concordienorden" (Kreuzorden), den „Faßbinderorden", den „Orden l'amitié sincère und la noble fortitude" (Lilienorden) sowie die Loge „Irene zu Jena im Orden der Hoffnung" (Ordre de l'espérance).[75]

---

[73] *Olaf Willett*, Sozialgeschichte Erlanger Professoren 1743–1933 (Kritische Studien zur Geschichtswissenschaft, Bd. 146). Göttingen 2001, 304–313, hier 308.

[74] *Hugo Seemann*, Geschichte der „Vereinten Loge Irene zu den 3 Sternen, Tempel der Wahrheit und Prometheus" zu Rostock sowie ihrer 3 Stammlogen. Nach den Akten des Archivs bearbeitet. Bützow 1930; *Eberhard Fischer/Rüdiger Templin*, Chronik der Freimaurerei in Mecklenburg und Vorpommern: Festschrift zum 250. Jubiläum der Johannis-Loge Zu den Drei Sternen Nr. 38 i. Or. Rostock. Templin 2010; vgl. auch *Adolph Hofmeister*, Rostocker Studentenleben vom 15. bis ins 19. Jahrhundert, 3 Teile. In: Archiv für Kulturgeschichte 4, 1906, 1–50, 171–196, 310–348, hier 335f., sowie zuletzt *Holger Zaunstöck*, Das Milieu des Verdachts. Akademische Freiheit, Politikgestaltung und die Emergenz der Denunziation in Universitätsstädten des 18. Jahrhunderts. Berlin 2010.

[75] *Joachim Bauer*, Akademische Logen und Studentenorden in Jena. In: ders./Birgitt Hellmann/Gerhard Müller (Hrsg.), Logenbrüder, Alchemisten und Studenten. Jena und seine geheimen Gesellschaften im 18. Jahrhundert. Rudolstadt und Jena 2002, 179–181; *ders./Jens Riederer* (Hrsg.), Zwischen Geheimnis und Öffentlichkeit. Jenaer Freimaurerei und studentische Geheimgesellschaften. Jena 1991.

Dass Freimaurerei und Geheimgesellschaften keine auf protestantische Universitäten beschränkte Erscheinungen waren, belegt eindrucksvoll die wohl berühmteste Geheimbundausgründung eines frühmodernen Professorenhauses: Adam Weishaupts 1776 in Ingolstadt mit einer Gruppe Studenten zunächst als „Perfectibilisten", dann als „Bienenorden", bald darauf dann als „Illuminatenorden" gegründete Geheimgesellschaft.[76] Unter den sich zunächst langsam, dann aber mit dem Beitritt Adolph Freiherr von Knigges 1780 rasch über das ganze Reichsgebiet ausbreitenden Illuminaten war der Anteil von Professoren und Gelehrten durchaus signifikant. Hermann Schüttler hat einen Gesamtanteil von 45% für die Gelehrten ermittelt, darunter allein 97 Professoren und 77 Studenten.[77] Das Miteinander von Professoren und Studenten in einer Gesellschaft, konnte auch Funktionen sozialer Kontrolle übernehmen, indem die Professoren so einen direkten Zugang zu einem Milieu fanden, das im Falle seiner Selbstorganisation in studentischen Orden zum Objekt obrigkeitlicher Verfolgung wurde.

Die Nähe zu den stets verbotenen Studentenorden verweist auf den eigentlichen Mehrwert der Freimaurerforschung für die Universitätsgeschichte. Nicht die Enthüllung abenteuerlicher Mysterien ist das Ziel, sondern die Frage einer informellen Steuerung der Hochschule aus dem Geheimen heraus und das nicht in subversiver oder verschwörerischer Intention, sondern mit dem aufgeklärten Willen zu effektiver Verwaltung und Überwachung.[78] Neben der clandestinen Geselligkeit der Logen existierten in den meisten Universitätsstädten auch verschiedene öffentliche Räume der Geselligkeit wie Gastwirtschaften und Kaffeehäuser, die zum Teil von Professoren wie Studenten gleichermaßen frequentiert wurden. Die Akademiker partizipierten damit an den neuen Soziabilitätsformen der sich formierenden bürgerlichen Gesellschaft und ebenso an der damit verbundenen Dialektik von Öffentlichkeit und Geheimhaltung.

---

[76] Zur Gründung *Richard van Dülmen*, Der Geheimbund der Illuminaten. Darstellung, Analyse, Dokumentation. 2. Aufl. Stuttgart 1977, 24f.; *Manfred Agethen*, Geheimbund und Utopie. Illuminaten, Freimaurer und deutsche Spätaufklärung. München 1984, 70f.

[77] Vgl. die statistischen Auswertungen bei *Hermann Schüttler*, Zwei freimaurerische Geheimgesellschaften des 18. Jahrhunderts im Vergleich: Strikte Observanz und Illuminatenorden. In: Erich Donnert (Hrsg.), Europa in der frühen Neuzeit. Festschrift für Günter Mühlpfordt, Bd. 4 Deutsche Aufklärung. Weimar/Köln/Wien 1997, 521–544, hier 537.

[78] *Zaunstöck*, Milieu des Verdachts (Anm. 74).

Ausblick

Das hier verfolgte Spannungsverhältnis von Öffentlichkeit und Geheimnis, von öffentlichen und privaten Räumen hat auch an der modernen Universität seine Spuren hinterlassen. Die Universität hatte sich als eine öffentliche ‚Staatsanstalt' formiert, doch weisen jüngere Tendenzen der Hochschulautonomisierung wieder in Richtung einer Privatisierung. Auch die Aufhebung der Unterteilung der Lehrveranstaltungen in öffentliche (publica) und private (privata) ist kein vollständig irreversibler Prozess, wie etwa die Repetitorien der Juristenausbildung plastisch vor Augen führen.

Vom ausgehenden 19. Jahrhundert an dominierte das Prinzip, der Ausdifferenzierung der Wissenschaft räumlich möglichst viel Freiheit zuteilwerden zu lassen – eine Tendenz, die idealtypischerweise von der amerikanischen Campus-Universität verkörpert wird. In der Mitte der 1960er Jahre kam es in Westdeutschland zu einer weiteren Gründungswelle von Hochschulen an Orten wie Bielefeld, Bremen, Bochum oder Konstanz, mit der auch neue räumliche Konzepte zur Anwendung kamen.[79] Die bundesdeutsche Reformuniversität fußte auf Ideen wie Funktionalität, Interdisziplinarität, Entwicklungsfähigkeit und Öffnung zur Öffentlichkeit. Die Fakultäten und Fachbereiche wurden in räumlicher Nähe zueinander angesiedelt, um den interdisziplinären Austausch zu fördern. Kurze Wege sollten mehr Kommunikation ermöglichen und Reibungsverluste minimieren. Das kommunikative Ideal der Zeit realisierte sich augenfällig in der zentralen Halle der Universität Bielefeld, die als ein Marktplatz bzw. eine Bahnhofshalle des Wissens imaginiert wird und dabei nicht nur ästhetisch durchaus ambivalente Wertungen erfuhr.

Mit dem digitalen Zeitalter dynamisierte sich die Räumlichkeit des Wissens in jüngerer Zeit ein weiteres Mal auf drastische Weise. Im Zeichen der sogenannten „Digital Humanities" braucht man seinen eigenen Tele-Arbeitsplatz kaum mehr zu verlassen. Tendenzen der ungeselligen Geselligkeit des Akademikers werden so auf technologische Weise schleichend wieder befördert. Statt zu gemeinsamen Diskussionen unter Anwesenden kommt es zu einem zunehmend virtuellen Austausch unter Abwesenden.[80]

---

[79] *Heidrun Friese/Peter Wagner*, Der Raum des Gelehrten. Eine Topographie akademischer Praxis. Berlin 1993, 36–49.

[80] Vgl. auch zur jüngeren Debatte über Anwesenheit und Abwesenheit in der akademischen Lehre *Rudolf Stichweh*, Die Universität als Anwesenheitsinstitution. In: Forschung und Lehre 22, 2, 2015, 85.

Werner Buchholz

Von der Stände- und Finanzgeschichte zur Historischen Demografie

Ein Rückblick zum 75. Geburtstag von Kersten Krüger

Ziel dieses Beitrages ist die Präsentation des wissenschaftlichen Œuvres Kersten Krügers. Ausgenommen sind seine Leistungen auf dem Gebiet der Universitätsgeschichte, die in den anderen Beiträgen zu diesem Band ausführlich zu Wort kommen. Gegenüber allzu hohen Erwartungen muss allerdings von vornherein die Einschränkung gemacht werden, dass der folgende Überblick nicht erschöpfend sein kann. Vielmehr geht es neben der Vermittlung eines allgemeinen Gesamtüberblicks vor allem darum, einige Aspekte hervorzuheben und Zusammenhänge herzustellen, die dem Verfasser dieser Zeilen im Hinblick auf Kersten Krüger als Historiker und Wissenschaftler besonders aussagekräftig und aufschlussreich zu sein scheinen. Zu viel mehr kann es angesichts des begrenzten Platzes und der Vielzahl der Bereiche, die Kersten Krüger in seiner langen wissenschaftlichen Laufbahn bearbeitet hat, nicht kommen.

Diese Laufbahn begann Mitte der sechziger Jahre im dänischen Reichsarchiv in Kopenhagen, führte zunächst nach Hessen und in den neunziger Jahren nach Mecklenburg. Präsentiert werden also Streiflichter, aus denen sich in dem hier angestrebten Idealfall ein Überblick ergeben könnte.

Auch der persönliche Lebenslauf Kersten Krügers wird nur insoweit berücksichtigt, als dies für die Darstellung des wissenschaftlichen Werdeganges erforderlich ist. Einen gewissen Ersatz bietet in dieser Hinsicht die Laudatio, die Jutta Krüger, die Schwester Kersten Krügers, zu seinem 70. Geburtstag hielt und die im Internet zu finden ist.[1]

Kersten Krüger begegnete ich zum ersten Mal im April 1972 in Marburg. Er war damals Assistent Gerhard Oestreichs (1910–1978), zu dessen Hauptseminar *Policey-Ordnungen und Sozialdisziplinierung* ich mich anmeldete. Im Rahmen dieser Anmeldung gab es ein Gespräch mit dem Assistenten, Kersten Krüger. Wie der Zufall so spielt, war es exakt dieses Sommersemester 1972, in

---

[1] http://cpr.uni-rostock.de/metadata/cpr_person_00000053/ von dort aus weiter über folgende Links: 1.: Krüger, Kersten @ Catalogus Professorum Rostochiensium, 2.: Dokumente/Anhang, 3.: krueger_kersten_laudatio.pdf.

dem Gerhard Oestreich seinen Begriff der Sozialdisziplinierung in der Lehre behandelte.[2] Erst später erfuhr ich, dass dies auch das einzige Mal war.

Der Begriff der Sozialdisziplinierung hat dann, wie bekannt ist, eine große Rolle gespielt. Der Hinweis auf die Flut der Veröffentlichungen zur Sozialdisziplinierung ist zwar nur ein quantitatives Argument. Dieses mag aber immerhin die Bedeutung des Konzepts für Geschichtswissenschaft und *Historiographie* andeuten. Heute erfreut sich das Konzept allgemeiner Anerkennung. Vielfach wird das Phänomen der Sozialdisziplinierung gar nicht mehr thematisiert, sondern als allgemein bekannt und selbstverständlich vorausgesetzt. Ein Hinweis auf den Urheber fehlt oft ebenso, wie das sonst bei allgemein bekannten Tatsachen, etwa der Entdeckung Amerikas, üblich ist.[3] Noch zu Lebzeiten Oestreichs wurde das Konzept der Sozialdisziplinierung auch außerhalb der Geschichtswissenschaft von anderen Fächern rezipiert.[4] Die Veröffentlichungen zur Sozialdisziplinierung sind, wie schon angedeutet, inzwischen kaum noch überschaubar, und ich brauche das Konzept hier nicht vorzustellen. Ich möchte lediglich einige Aspekte hervorheben, die nach meiner Beobachtung für das Werk Kersten Krügers und seine Tätigkeit als Historiker eine grundlegende Rolle spielen.

Als Quellen zur Sozialdisziplinierung wurden die Policey-Ordnungen der Frühen Neuzeit herangezogen, die bis heute als Kern des Quellenmaterials gelten. Veröffentlicht hatte Gerhard Oestreich das Konzept schon 1969 in der Vierteljahrschrift für Sozial- und Wirtschaftsgeschichte – nicht von ungefähr mit einer Widmung für Otto Brunner (1898–1982) zum 70. Geburtstag. Mit

---

[2] Philipps-Universität Marburg. Personal- und Vorlesungsverzeichnis Sommersemester 1972, Marburg 1972, S. 149, Nr. 960; *Kersten Krüger*, Policey zwischen Sozialregulierung und Sozialdisziplinierung, Reaktion und Aktion – Begriffsbildung durch Gerhard Oestreich 1972–1974. In: Karl Härter (Hrsg.), Policey und frühneuzeitliche Gesellschaft. Frankfurt am Main 2000, 107–119; auch in: Kersten Krüger, Formung der frühen Moderne. Münster 2005, 225–234.

[3] Vgl. etwa die – für die Erschließung neuer Quellen, aber auch neuer Aufgabenfelder der Forschung zur Sozialdisziplinierung – beispielgebende Arbeit von *Inken Schmidt-Voges*, Mikropolitiken des Friedens. Semantiken und Praktiken des Hausfriedens in Osnabrücker Gerichtsakten des 18. Jahrhunderts. Habilschrift (masch.). Osnabrück 2011, etwa 9–11.

[4] So etwa in der Germanistik, siehe *Gerhard Oestreich*, Policey und Prudentia civilis in der barocken Gesellschaft von Stadt und Staat. In: Albrecht Schöne (Hrsg.), Stadt, Schule, Universität, Buchwesen und die deutsche Literatur im 17. Jahrhundert. München 1976, 123–131 (wiederabgedruckt in: Gerhard Oestreich, Strukturprobleme der frühen Neuzeit. In: Brigitta Oestreich (Hrsg.), Ausgewählte Aufsätze. Berlin 1980, 367–379).

Otto Brunner ist ein zweiter Bezugspunkt genannt, der für Kersten Krüger – aus meiner Sicht – von Bedeutung geworden ist. Otto Brunner steht für eine quellengemäße Sprache als ein grundlegendes Wissenschaftskriterium in Geschichtsforschung und Historiographie. Der Bewusstseinshorizont der historischen Zeit erschließt sich über die Erarbeitung der Bedeutung ihrer eigenen Begriffe in ihrer Zeit. Ernst-Wolfgang Böckenförde (* 1930), Schüler Otto Brunners und späterer Verfassungsrichter in Karlsruhe, hat am Beispiel der deutschen verfassungsgeschichtlichen Forschung des 19. Jahrhunderts stichhaltig nachgewiesen, dass jeder Versuch, historische Zeiten retrospektiv mit den Begriffen aus der Zeit des Historikers zu erfassen, wie Brunner es wörtlich nannte, „kläglich scheitern" muss.[5] Diesen grundlegenden Gedanken Otto Brunners entwickelte sein Schüler Ernst-Wolfgang Böckenförde weiter zu einem Konzept der historischen Forschung. Mit den Postulaten der Trennung von Wort und Bedeutung (Das Wort bleibt, die Bedeutung verändert sich.) und der Erschließung der Bedeutung von Begriffen aus dem jeweiligen Sach- und Lebenszusammenhang ihrer Verwendung stellte er eine Systematik der begriffsgeschichtlichen Fragestellung vor, die als Nagelprobe historischer Studien mit wissenschaftlichem Anspruch zu betrachten ist. Böckenförde erprobte das von ihm entwickelte Konzept gleich selbst mit seiner bereits genannten Studie zur deutschen verfassungsgeschichtlichen Forschung im 19. Jahrhundert.[6] Mit der Projizierung von Begriffen, Unterscheidungen und Vorstellungen aus der Gegenwart in die historischen Zeiten tritt, so Böckenförde, „geradezu eine Unfähigkeit [ein], den je konkreten Charakter" der untersuchten historischen Phänomene zu erkennen.[7]

---

[5] *Otto Brunner*, Land und Herrschaft. Grundfragen der territorialen Verfassungsgeschichte Österreichs im Mittelalter. 5. Aufl. Wien 1965, 16, 163, 415. (Erste Auflage: Brünn/München/Wien 1935; 2. ergänzte Auflage Brünn/München/Wien 1942; 3. ergänzte Auflage Brünn/München/Wien 1943; 4. veränd. Aufl. München 1959; unveränd. reprograf. Nachdrucke der 5. Auflage in den Jahren 1970, 1973 und 1984). – Zu Otto Brunner siehe *Kersten Krüger*, Die landständische Verfassung (Enzyklopädie deutscher Geschichte 67). München 2003, 56 ff., bes. 57.

[6] *Ernst-Wolfgang Böckenförde*, Vorbemerkung zur zweiten Auflage. In: Ders., Die deutsche verfassungsgeschichtliche Forschung im 19. Jahrhundert. Zeitgebundene Fragestellungen und Leitbilder (Schriften zur Verfassungsgeschichte 1). 2. Aufl. Berlin 1995 (Phil. Diss., München 1960; Berlin 1961), I–X.

[7] *Ders.*, Die deutsche verfassungsgeschichtliche Forschung im 19. Jahrhundert. Zeitgebundene Fragestellungen und Leitbilder (Schriften zur Verfassungsgeschichte 1), Berlin 1961, 2. Aufl. Berlin 1995, 127 f., bes. 130.

Es ist leicht erkennbar, dass es sich bei dem Quellenpostulat Brunners im Grunde um eine teilweise Erneuerung und gleichzeitig Fortentwicklung der historisch-kritischen Methode handelt, die, ursprünglich von der Klassischen Philologie herkommend, heute den methodischen Kern der so genannten Geisteswissenschaften einschließlich der Rechtswissenschaft bildet.[8] So geschah es nicht von ungefähr, dass Kersten Krüger in seinem Buch über die landständische Verfassung neben anderen Verfassungshistorikern auch Otto Brunner und dessen Postulat einer quellengemäßen Sprache einen eigenen Abschnitt einräumte.[9]

Die Sozialdisziplinierung kategorisierte Oestreich als einen fundamentalen, praktisch allgegenwärtigen Vorgang der Frühen Neuzeit. Er nannte das die „Fundamentaldisziplinierung".[10] Wir Heutigen sind in unserem mentalen Verhaltenshabitus das Ergebnis dieses fundamentalen Prozesses, der uns, da er bis heute andauert, kontinuierlich weiter verändert.

Die Einführung des Konzeptes der Sozialdisziplinierung im Jahre 1969 – nahezu gleichzeitig mit der Reaktivierung des schon früher, im Jahr 1939, geschaffenen „Prozesses der Zivilisation" von Norbert Elias (1897–1990) – markiert insgesamt eine Zäsur in der Entwicklung der deutschen wie auch der internationalen Geschichtswissenschaft, die in ihrer Bedeutung kaum überschätzt werden kann.[11] Immerhin führte sie zur Relativierung der Selbstverständlichkeit, mit der bis dahin die menschliche Psyche und der daraus resultierende Verhaltenshabitus als eine Konstante in der Geschichte einfach voraus-

---

[8] Die beste Erklärung der historisch-kritischen Methode und ihres Entstehungszusammenhangs findet sich meines Erachtens bei *Ulrich Muhlack*, Historie und Philologie. In: Ders., Staatensystem und Geschichtsschreibung. Ausgewählte Aufsätze zu Humanismus und Historismus, Absolutismus und Aufklärung. Herausgegeben von Notker Hammerstein und Gerrit Walther. Berlin 2006, 142–172. Die Forderung nach einer quellengemäßen Quellensprache wurde in dem monumentalen Werk „Geschichtliche Grundbegriffe" umgesetzt. In der Einleitung formuliert Reinhart Koselleck das Postulat zu einem tragfähigen Konzept aus, auf dessen Grundlage die Einzelartikel erarbeitet wurden.

[9] *Kersten Krüger*, Die landständische Verfassung (Enzyklopädie deutscher Geschichte 67). München 2003, 56–59.

[10] *Gerhard Oestreich*, Strukturprobleme des europäischen Absolutismus. In: Ders., Strukturprobleme (Anm. 5), 179–197, hier 187 f. und 193–197, der Begriff selbst 195.

[11] *Norbert Elias*, Über den Prozeß der Zivilisation. Sozialgenetische und psychogenetische Untersuchungen. 2 Bde. Basel 1939, Neuauflage, vermehrt um eine Einleitung, Frankfurt 1969 (Seitenidentischer Nachdruck 1977), passim, bes. Bd. 2, 355–454: Entwurf zu einer Theorie der Zivilisation.

gesetzt wurden.¹² Während Norbert Elias mit dem Zivilisationsprozess die Verinnerlichung sich verändernder gesellschaftlicher Strukturen durch den Einzelnen in den Focus rückte, ist es bei Gerhard Oestreich der äußerlich wahrnehmbare Habitus, der sich unter dem Einfluss obrigkeitlicher Disziplinierungsmaßnahmen verändert. Dabei müssen diese Maßnahmen nicht direkt auf Disziplinierung zielen. Diese kann auch ein Nebeneffekt sein, etwa der fürstlich-obrigkeitlichen bzw. der öffentlichen Finanzwirtschaft, bei der die Steuerdisziplin nicht das primäre Ziel ist, sondern bloß ein Mittel zum Zweck und daher als ein Nebeneffekt der Bemühungen um die materielle Absicherung von Herrschaft zu betrachten ist. Das Gleiche gilt für die Kirchenzucht als der spezifisch kirchlichen Variante beziehungsweise Unterabteilung der Sozialdisziplinierung,¹³ wie auch für „die Erziehung zu Arbeitsamkeit und Fleiß", die sich, so Gerhard Oestreich, im Laufe der Frühen Neuzeit „zur Erziehung zu sauber geordneter Arbeit [weitete]".¹⁴ Wenn also bei Elias die Verinnerlichung im Fokus steht, so ist es bei Oestreich die äußere Disziplinierung, bei der er ansetzt. Die enge Verbindung beider Konzepte zeigt sich etwa darin, dass natürlich auch die äußere ,Disziplinierung' zwangsläufig zur Veränderung innerer Befindlichkeiten führen muss. Insgesamt haben uns Heutige die Vorgänge, auf welche die Konzepte von Sozialdisziplinierung und Zivilisationsprozess abzielen, zu dem gemacht, was wir heute sind.

Kersten Krüger war als Assistent Gerhard Oestreichs in die Entstehung dieser Gedankengebäude und des damit eng verknüpften analytischen Instrumentariums eingebunden, die für seine eigene Arbeit als Historiker ebenfalls bedeutsam geworden sind. So ordnen sich vor diesem Hintergrund die folgenden Schwerpunkte ein, die Kersten Krüger in seiner Arbeit als Historiker wählte:
1. Finanzgeschichte, mit der von Kersten Krüger herausgearbeiteten Epochenabfolge vom Domänenstaat über den Finanzstaat zum Steuerstaat,
2. Stände-/Parlamentarismusgeschichte,
3. Stadtgeschichte,

---

¹² Das bekannteste Beispiel einer Geschichtsschreibung, dem die Annahme einer konstanten menschlichen Psyche zugrunde lag, ist die „Römische Geschichte" Theodor Mommsens, in welcher der Autor die Persönlichkeit seines Protagonisten Caesar nach dem Vorbild Ottos von Bismarck zeichnete.
¹³ Vgl. dazu Beiträge und Auswahlbibliographie in *Heinz Schilling* (Hrsg.), Kirchenzucht und Sozialdisziplinierung im frühneuzeitlichen Europa. Mit einer Auswahlbibliographie (Zeitschrift für historische Forschung, Beih. 16), Berlin 1994.
¹⁴ *Oestreich*, Strukturprobleme (Anm. 10), 193.

4. Historische Demografie (Statistik, quantitative Methoden, Sozialgeschichte) und
5. Universitäts- und Bildungsgeschichte.

Was hier bewusst zunächst als scheinbar rein additive Aufzählung präsentiert wird, hängt innerlich zusammen. Naturgemäß gibt es auch Überschneidungen innerhalb dieses Begriffsnetzes. Eine solche Zerlegung des Krüger'schen Gesamtarbeitsbereichs in Einzelbegriffe dient analytischen Zwecken. Ihr Ziel ist die Vermittlung einer möglichst konkreten Vorstellung. Die übergreifende Klammer ist die Sozialdisziplinierung, die in allen fünf Bereichen als Fundamentalvorgang eine Rolle spielt. Den inneren Zusammenhang dieser Schwerpunkte zeigte Kersten Krüger selbst in der folgenden Weise auf:[15]

> „Verbindende Thematik […] ist die Frage nach der Gestaltung der frühen Moderne in Politik und Gesellschaft. Einen Schwerpunkt bildet die in der Folge der militärischen Revolution (Geoffrey Parker)[16] geradezu erzwungene Herausbildung des modernen **Steuerstaates**, der einerseits Bedingung für politischen Machtgewinn war, andererseits die betroffene Gesellschaft durch Mobilisierung von Ressourcen zu steigender wirtschaftlicher Leistungskraft durch **Policey** und **Sozialdisziplinierung** (Gerhard Oestreich)[17] drängte. Die aus dem Steuerstaat stammenden Quellen lassen sich als Gesellschaftsspiegel (Fritz Karl Mann)[18] für sozialgeschichtliche Studien nutzen und weisen den Weg in die **Statistik**. In der Epoche des **Finanzstaat**s (Gerhard Oestreich)[19] entwickelte sich

---

[15] Schlüsselbegriffe sind **fett** gedruckt.

[16] *Geoffrey Parker*, The Military Revolution. Military Innovation and the Rise of the West. 1500–1800, Cambridge 1988.

[17] *Oestreich*, Strukturprobleme (Anm. 10).

[18] *Fritz Karl Mann*, Steuerpolitische Ideale. Vergleichende Studien zur Geschichte der ökonomischen und politischen Idee und ihres Wirkens in der öffentlichen Meinung 1600–1935. Jena 1937; *Ders.*, Die Finanzkomponente der politischen Revolutionen. In: Kölner Zeitschrift für Soziologie. Neue Folge der Kölner Vierteljahrshefte für Soziologie 4 (1952), 1–18; *Ders.*, Abriß einer Geschichte der Finanzwissenschaft. In: Handbuch der Finanzwissenschaft. Bd. 1. 3. Aufl. Tübingen 1977, 77–98.

[19] Der „Finanzstaat" findet sich bei Oestreich in: *Ders.*, Verfassungsgeschichte vom Ende des Mittelalters bis zum Ende des alten Reiches. In: *Herbert Grundmann* (Hrsg.), Gebhardt: Handbuch der deutschen Geschichte. 9. neu bearb. Aufl., Bd. 2: Von der Reformation bis zum Ende des Absolutismus. Stuttgart 1970, 361–436, hier 363; Siehe auch: *Kersten Krüger*, Gerhard Oestreich und der Finanzstaat – Entstehung und Deutung eines Epochenbe-

das Miteinander wie die Konkurrenz zwischen den Fürsten und den Ständen, zwischen **absoluter Monarchie** und **Parlamentarismus**. Keine der beiden Regierungsformen konnte in Europa einen Vorrang oder gar ein Monopol [...] durchsetzen. So werden Absolutismus wie Frühparlamentarismus in typischen Ausprägungen und Leistungen untersucht. Die **Stadt als bürgerlicher Wirtschafts- und Lebensraum** geriet in der Frühen Neuzeit in eine Krise, die in der Regel zur Integration in den umgebenden Territorialstaat zwang. Neue Impulse der Urbanisierung setzten fürstliche Idealstadtgründungen, geprägt von regelmäßigen geometrischen Formen als Kennzeichen planerischer Ordnung."

Dabei nimmt Skandinavien einen Vorrang oder gar ein Monopol ein: „Beinhaltet die frühe Modernisierung weitgehend **Disziplinierung**, so zeigt ein Ausblick auf den Skandinavismus den Weg in die **Demokratisierung** des liberalen Zeitalters."[20]

Die Stellung Skandinaviens im Gesamtwerk Krügers ist unter anderem auch lebensgeschichtlich bedingt: Nach dem Abitur 1959 folgten Studienaufenthalte Schweden und das Studium in Kopenhagen mit der Arbeit an der Dissertation im dänischen Reichsarchiv über die Einnahmen und Ausgaben der dänischen Rentmeister.[21] Dies sowie die Tätigkeit als Deutschlehrer in Schweden, ebenfalls in den sechziger Jahren, bilden die Voraussetzungen und gleichzeitig die Grundlagen dieser dauerhaften Zugewandtheit zum Norden Europas.

In räumlicher Hinsicht decken die Veröffentlichungen Kersten Krügers den Bereich von Nordeuropa, den gesamten Raum des baltischen Meeres sowie Norddeutschland bis Hessen mit Ausläufern nach Nürnberg und Süddeutschland ab.[22]

In zeitlicher Hinsicht reihen sich die Schwerpunkte vom späten 14. Jahrhundert mit der Kalmarer Union und den von ihr hinterlassenen Urkunden der

---

griffs der frühneuzeitlichen Verfassungs- und Sozialgeschichte. In: Hessisches Jahrbuch für Landesgeschichte 33, 1983, 333–346.

[20] Dieses sowie das folgende aus *Kersten Krüger*, Vorwort. In: Ders.: Formung der frühen Moderne. Ausgewählte Aufsätze (Geschichte. Forschung und Wissenschaft 14). Münster 2005, VII.

[21] Ders., Die Einnahmen und Ausgaben der dänischen Rentmeister 1588–1628. Ein Beitrag zur frühneuzeitlichen Finanzgeschichte. Phil. Diss. Marburg 1968, Marburg 1970.

[22] Ders., Albrecht Dürer, Daniel Speckle und die Anfänge frühmoderner Stadtplanung in Deutschland. In: Mitteilungen des Vereins für Geschichte der Stadt Nürnberg 67 (1980), 79–97.

Jahre 1397, 1436 und 1438 in dichter Folge aneinander bis ins 20. Jahrhundert hinein.

Darüber hinaus veröffentlichte Kersten Krüger Arbeiten zur Methodik des Faches, wie etwa den grundlegenden Beitrag zur „Historische[n] Statistik" in dem Band „Geschichte. Ein Grundkurs", herausgegeben von dem Hamburger Wirtschafts- und Sozialhistoriker Hans-Jürgen Goertz (* 1937).

Andererseits finden sich im Krüger'schen Werk auch solche Publikationen, die mehrere Schwerpunkte in sich vereinen. So haben etwa die meisten stadtgeschichtlichen Arbeiten – vielleicht mit Ausnahme von Schriften wie „Die deutsche Stadt im 16. Jahrhundert"[23] oder „Oldenburg in dänischer Zeit"[24] – sowohl einen Schwerpunkt in den quantitativen Methoden der historischen Demografie als auch in Teilen in Elementen herkömmlicher Stadtgeschichtsschreibung, wie etwa der Beitrag „Norddeutsche Hafenstädte um 1800. Altona, Kiel, Rostock und Wismar".

Auch die an der Landgrafschaft Hessen erprobte finanzgeschichtliche und finanzsoziologische Methode setzt sich in den stadtgeschichtlichen Arbeiten fort.[25] Die Quellen finanzhistorischer Studien sind unmittelbare Überreste historischer Vorgänge, die den direkten Zugriff auf die Realität erlauben, ohne dass ihre Aussagen durch die Subjektivität des Individuums gebrochen sind, wie das etwa bei erzählenden Quellen der Fall ist.

Finanzhistorische Untersuchungen haben kein Verfallsdatum oder jedenfalls gegen Unendlich tendierende Halbwertszeiten. Davon zeugen zahlreiche ältere finanzhistorische Untersuchungen, die nach wie vor den aktuellen Forschungsstand repräsentieren. An erster Stelle sind hier – neben vielen anderen – die monumentalen Arbeiten von Richard Ehrenberg (1857–1921) über die

---

[23] *Ders.*, Die deutsche Stadt im 16. Jahrhundert. Eine Skizze ihrer Entwicklung. In: Zeitschrift für Stadtgeschichte, Stadtsoziologie und Denkmalpflege 2 (1975), 31–47.

[24] *Ders.*, Wandel des Stadtbildes durch Festungsbau. Oldenburg in dänischer Zeit. In: Oldenburger Jahrbuch 87 (1987), 47–108.

[25] Stellvertretend für alle anderen: *Ders.*, Das Gewerbe in Altona und Kiel 1803. Rostock und Wismar 1819. In: Karl Heinrich Kaufhold/Winfried Reininghaus (Hrsg.), Stadt und Handwerk in Mittelalter und früher Neuzeit. Köln/Weimar/Wien 2000, 159–168; *Ders.*, Erwerbsleben in Altona, Kiel, Rostock und Wismar an der Schwelle zur Moderne um 1800. In: Kersten Krüger/Gyula Pápay/Stefan Kroll (Hrsg.), Stadtgeschichte und historische Informationssysteme. Der Ostseeraum im 17. und 18. Jahrhundert. Beiträge des wissenschaftlichen Kolloquiums in Rostock vom 21. und 22. März 2002. Münster 2003, 247–271.

Geldmächte und die Finanzkrisen des 16. Jahrhunderts zu nennen,[26] die Studie von Charles Beard (1874–1948) über den finanzwirtschaftlichen Entstehungszusammenhang der US-Verfassung von 1787[27] oder die Untersuchung der Finanzen des Deutschen Reichs von Peter-Christian Witt (*1943).[28] Die Reichweite und Erkenntnistiefe finanzhistorischer Untersuchungen ist durch die allseits anerkannte Feststellung Rudolf Goldscheids (1870–1931) gekennzeichnet, „dass die Funktion des Staates sich in der Hauptsache nach der Struktur seines Haushalts richtet [und] das Budget gleichsam das aller verbrämenden Ideologie entkleidete Gerippe des Staates darstellt."[29]

Der Begriff des Finanzstaats in seiner heute gültigen Fassung ist das Ergebnis des Zusammenwirkens von Gerhard Oestreich und seines Assistenten und Schülers Kersten Krüger.[30] Oestreich selbst konstatierte, dass er zwar mit dem Begriff „Finanzstaat" ein „Etikett" gefunden habe, dem aber noch der Inhalt fehle. Sein Assistent hat den Begriff „Finanzstaat" nicht nur für die praktische Analyse tauglich gemacht, sondern er hat diesen darüber hinaus zusammen mit den älteren Begriffen des „Domänenstaats" bzw. der „Domänenwirtschaft" und des „Steuerstaats" zu einer allgemeinen Epocheneinteilung der Finanzgeschichte fortentwickelt, die heute allgemein anerkannt ist. Die beiden älteren Begriffe „Domänenstaat" und „Steuerstaat" waren von dem österreichischen Finanzwissenschaftler und Finanzpolitiker Joseph Alois Schumpeter (1883–1950) am Ende des Ersten Weltkriegs in die Diskussion eingeführt worden.[31]

---

[26] *Richard Ehrenberg*, Das Zeitalter der Fugger. 2 Bde. (Bd. 1: Die Geldmächte des 16. Jahrhunderts, Bd. 2: Die Weltbörsen und Finanzkrisen des 16. Jahrhunderts). Jena 1896.

[27] *Charles A. Beard*, An Economic Interpretation of the Constitution of the United States. New York 1913; ND New Brunswick [New Jersey] 1998.

[28] *Peter-Christian Witt*, Die Finanzpolitik des Deutschen Reiches von 1903 bis 1913. Eine Studie zur Innenpolitik des Wilhelminischen Deutschland (Historische Studien 415). Lübeck/Hamburg 1970.

[29] *Rudolf Goldscheid*, Staat, öffentlicher Haushalt und Gesellschaft. In: Ders./Joseph Schumpeter, Die Finanzkrise des Steuerstaats. Beiträge zur politischen Ökonomie der Staatsfinanzen. Hrsg. von Rudolf Hickel. Frankfurt am Main 1976, 253–315, 256; Vgl. auch die grundsätzlichen Überlegungen bei *Theodor Wengler*, Die Finanzwirtschaft des Provinzialverbandes Pommern. Phil. Diss. Greifswald 2005, Bad Honnef 2005.

[30] *Kersten Krüger*, Gerhard Oestreich und der Finanzstaat – Entstehung und Deutung eines Epochenbegriffs der frühneuzeitlichen Verfassungs- und Sozialgeschichte. In: Hessisches Jahrbuch für Landesgeschichte, 1983, 333-346.

Die daraus entwickelte Epocheneinteilung hat sich spätestens seit Ende der 1990er Jahre durchgesetzt.

Gerhard Oestreich selbst hatte den Begriff aufgrund der Beobachtung kreiert, dass die staatlichen Aufgaben der Frühmoderne „nur durch die Verbindung des werdenden Staates mit den frühkapitalistischen Kräften bewältigt werden konnten."[32]. Hier setzten Krügers weiterführende Überlegungen ein.

In der fortentwickelten und konkret gefassten Form Krügers treten im Finanzstaat die ständischen Steuerbewilligungen neben die fürstlichen Einnahmen aus den Domänen, Zöllen und Regalien. Damit werden im frühneuzeitlichen Staat die Landstände neben dem Fürsten zu einem finanzwirtschaftlichen Faktor von grundlegender Bedeutung. Da der frühneuzeitliche Verwaltungsapparat nur gering ausgeprägt war beziehungsweise überhaupt erst noch geschaffen werden musste, war die Steuereintreibung schwerfällig und langwierig. Hier übernahmen die frühkapitalistischen Kräfte mit der Vorfinanzierung der zu erwartenden Einnahmen eine tragende Rolle. Der Finanzstaat ist also gewissermaßen ein [Vor]**Finanz**[ier]**staat**. Dieser setzt bereits einen bestimmten Entwicklungsstand der ökonomischen Entwicklung, von Handel und Gewerbe, voraus, auf dem es die großen Vermögen bereits gab, welche die Vorfinanzierung übernehmen konnten. Deren Anreiz war wiederum das gute und sichere Geschäft, das die Investition in die öffentliche Schuld bis heute geblieben ist.

Die Bedeutung der Landstände resultierte aus ihrer Doppelfunktion als bewilligende Instanz und als Garant der Kredite, die von den Gläubigern zur Vorfinanzierung gewährt wurden. Nicht selten verbanden sich die Funktionen von Gläubiger und Garant der fürstlichen, später der öffentlichen Schuld in der Person ein und desselben Landtagsdeputierten. Deutlich wird, dass hier neue und festere Bindungen mit ökonomischer Prägung entstanden, sowohl zwischen dem Fürsten und den steuerbewilligenden Landständen als auch zwischen ersterem und den vorfinanzierenden Kreisen in Handel und Gewerbe. Noch bleibt der Fürst immer auch selbst Unternehmer. Das änderte sich erst mit dem Übergang zum Steuerstaat. Der dann einsetzende Prozess der Entun-

---

[31] *Joseph Alois Schumpeter*, Die Krise des Steuerstaats. Graz/Leipzig 1918, wiederabgedruckt in: Ders./Rudolf Goldscheid, Die Finanzkrise des Steuerstaats. Beiträge zur politischen Ökonomie der Staatsfinanzen. Herausgegeben von Rudolf Hickel. Frankfurt am Main 1976, 329–379, hier 333ff.

[32] *Gerhard Oestreich*, Verfassungsgeschichte vom Ende des Mittelalters bis zum Ende des alten Reiches. In: Herbert Grundmann (Hrsg.), Gebhardt: Handbuch der deutschen Geschichte. 9. neu bearb. Aufl., Stuttgart 1970, 361–436, hier 363.

ternehmerisierung (modern: Privatisierung) des Staates dauert bis in unsere Gegenwart hinein an.

Für den Finanzstaat ist insgesamt charakteristisch, so Krüger, „die komplizierte und auf den ersten Blick undurchschaubare Mischung der öffentlichen Einnahmen an Naturalien und Geld aus Domänen und Steuern". Diese gelte es, in der Forschung zu erfassen. In seinem „Finanzstaat Hessen" hat Krüger dies mustergültig vorgeführt.

„Finanzstaat" ist ein analytischer Begriff, kein Begriff der Quellen und vor etwa 1970 auch gar nicht vorhanden.[33] Um dem Postulat der quellengemäßen Sprache gerecht zu werden und den analytischen Begriff gegenüber dem Quellenbegriff der Finanzen abzugrenzen, untersuchte Krüger auch den Bedeutungsgehalt, den dieser im 16. Jahrhundert hatte. Vor diesem Hintergrund stellte er in exemplarischer Weise den analytischen Begriff „Finanzstaat" dem Quellenbegriff der „Finanzen" des 16. Jahrhunderts gegenüber: Im 16. Jahrhundert wurde mit dem Terminus „Finanzen" die eigennützige Bereicherung von Beamten bezeichnet. Belegt ist dies etwa aus dem Jahr 1544, als Landgraf Philipp sich über einen Schreiber beschwerte, der das eingenommene Getreide nicht verkauft hatte.[34] Der Landgraf meinte, „dass finantzen" dahinter steckten, der Schreiber wolle „seinen nutzen schaffen". „Eigennutz" und „Finanzen" werden hier wie Synonyme gebraucht. Auf die Bitte der Bürger im hessischen Landtag, ihre Lebensmittelvorräte von Abgaben zu befreien, antwortete der Landgraf, er glaube, „das grosse finantz dahinder stecke". Und die Beamten des Salzwerks Sooden sollten, so meinte Landgraf Wilhelm IV. im Jahre 1576, „keine vorthel oder finantz" suchen.

---

[33] Wohl zuerst 1966 von Oestreich in gedruckter Form vorgetragen: *Gerhard Oestreich*, Ständetum und Staatsbildung in Deutschland. In: Der Staat 6 (1967), 61–73, wiederabgedruckt in: Ders., Geist und Gestalt des frühmodernen Staates, Erscheinungsort Erscheinungsjahr, 279–289, hier 279: „die erste Stufe des frühneuzeitlichen Staates im 16. Jh., die mit einem neuen Begriff als Finanzstaat charakterisiert werden soll", und 281: „Der Begriff Staat hat sich in Deutschland unter anderem im Zusammenhang mit den öffentlichen Finanzen und mit dem späteren Staatshaushalt durchgesetzt." Wenn Oestreich der Finanzstaat zur Charakterisierung eines Zeitalters diente, so entwickelte Krüger diesen weiter zum analytischen Begriff, indem er ihn mit aus der historischen Realität abgeleitetem, konkretem Inhalt füllte.

[34] Dies und das Folgende bei *Kersten Krüger*, Finanzstaat Hessen 1500–1567. Staatsbildung im Übergang vom Domänenstaat zum Steuerstaat (Veröffentlichungen der Historischen Kommission für Hessen 24,5: Quellen und Darstellungen zur Geschichte des Landgrafen Philipp des Großmütigen). Marburg 1980, 9.

Dem Dreiphasenmodell der Finanzgeschichte von „Domänenstaat – Finanzstaat – Steuerstaat" verhalfen dann letztlich Richard Bonney (*1947) und William M. Ormrod (*1957) in ihrer gesamteuropäischen Synthese „The Rise of the Fiscal State in Europe, c. 1200-1815" im Jahre 1999 zum Durchbruch. Dabei handelte es sich um ein Teilprojekt des übergreifenden, EU-finanzierten Großprojekts „The Origins of the Modern State in Europe". Ich gebe diesen Vorgang hier mit den Worten der Finanzhistoriker Maximilian Lanzinner (*1948), Friedrich Edelmayer (*1959) und Peter Rauscher (*1970) wieder, die in ihrem Band über „Finanzen und Herrschaft" den aktuellen Stand der Finanzgeschichte umreißen: „Mit dem Band ‚The Rise of the Fiscal State in Europe, c. 1200–1815'" hätten, so Edelmayer, Lanzinner und Rauscher, „Bonney und Ormrod das Ziel verfolgt, die fiskalischen Entwicklungen in Europa möglichst breit zu erfassen." Dabei legten sie

„ihrer Synthese ein diachrones Modell zugrunde, das in den 1970er Jahren Kersten Krüger in seiner Arbeit über die hessische Landgrafschaft erprobt hatte. Demgemäß sprachen Bonney/Ormrod für das Spätmittelalter (mit Schumpeter) vom ‚domain state', sodann für das 16. Jahrhundert (mit Oestreich) vom ‚finance state'" und für die Jahrhunderte danach vom „tax state".

Damit stehe „gegenwärtig international ein Modell zur Diskussion, das in der deutschen finanzgeschichtlichen Forschung entwickelt wurde."[35]

Im Jahr 2006 erschien Uwe Schirmers (*1962) umfassende Untersuchung der kursächsischen Staatsfinanzen von der Mitte des 15. bis zur Mitte des 17. Jahrhunderts, die sowohl methodisch als auch in ihrer theoretischen Grundlegung dem „Finanzstaat Hessen" Kersten Krügers folgt.[36] Schirmer führte den Nachweis, dass die Gläubiger des Fürsten selbst zu den Landständen gehörten und in den Landtagen darüber wachten, dass Steuern in hinreichender Menge erhoben wurden, mit denen ihre Kredite bedient werden konnten.

Was nun die oben erwähnte Ständegeschichte betrifft, so dürfte deutlich geworden sein, dass diese eng mit der Finanzgeschichte zusammenhängt. Der

---

[35] *Friedrich Edelmayer/Maximilian Lanzinner/Peter Rauscher*, Einleitung. In: Dies. (Hrsg.), Finanzen und Herrschaft. Materielle Grundlagen fürstlicher Politik in den habsburgischen Landen und im Heiligen Römischen Reich im 16. Jahrhundert (Veröffentlichungen des Instituts für Österreichische Geschichtsforschung 38). Wien 2003, 9–19, hier 9 f., Zitat 10.

[36] *Uwe Schirmer*, Kursächsische Staatsfinanzen (1456–1656). Strukturen – Verfassung – Funktionseliten (Quellen und Forschungen zur sächsischen Geschichte 28). Stuttgart 2006.

fürstliche Finanzbedarf führte zur Konstituierung von ständischen Vertretungen und damit zur Entstehung des Parlamentarismus. Nur die parlamentarische Vetretung aller Stände einer Herrschaft konnte entscheiden, ob das Land dem Fürsten Steuern bewilligte nach dem Grundsatz „Quod omnes tangit ab omnibus approbari debet." (Was alle angeht, muss auch von allen entschieden werden.) So kann es als eine konsequente Folge betrachtet werden, wenn Krüger nun auch Typologien der ständischen Verfassungen Skandinaviens wie auch der ständischen Repräsentationen im Heiligen Römischen Reich vorlegte, letzteres in dem von Peter Blickle (*1938) herausgegebenen Band über „Landschaften und Landstände in Oberschwaben".[37]

Gerade Peter Blickle hatte mit seiner epochalen Untersuchung über „die staatlichen Funktionen des Gemeinen Mannes" in den Regionen Oberdeutschlands, in denen sich eine landschaftliche Verfassung ohne Herrschaftsstände herausgebildet hatte, auch für Norddeutschland eine entsprechende Diskussion ausgelöst.[38] Hier gab es eine Reihe von Regionen, in denen es nicht zur Bildung von Herrschaftsständen gekommen war und für die daher die landschaftliche Verfassung prägend wurde, wie etwa in Nordfriesland und Dithmarschen.[39] In diesem Zusammenhang rückt auch wieder Skandinavien in den Mittelpunkt des Interesses, denn auch hier sind die Stände keine Herrschaftsträger. Den schwedischen Reichstag könnte man gerade im Hinblick auf seinen einflussreichen Bauernstand vielleicht sogar als ein Ergebnis der Zentralisierung der alten Landschaftsverfassung betrachten.

Ein wichtiges Ergebnis dieser Arbeit Krügers, veröffentlicht 1984 in der Festschrift für Heinz Stoob (1919–1997) „Civitatum communitas", ist aus meiner Sicht die Differenzierung der Erscheinungsformen der landschaftlichen Verfassung, einer Verfassungsform, die „älter ist als der frühmoderne Staat, und durch nichtadlige, hauptsächlich bäuerliche Repräsentation getragen" wur-

---

[37] *Kersten Krüger*, Versuch einer Typologie ständischer Repräsentation im Reich. In: Peter Blickle (Hrsg.), Landschaften und Landstände in Oberschwaben. Bäuerliche und bürgerliche Repräsentation im Rahmen des frühen europäischen Parlamentarismus. Tübingen 2000, 35–56.

[38] *Peter Blickle*, Landschaften im Alten Reich. Die staatliche Funktion des gemeinen Mannes in Oberdeutschland. München 1973.

[39] Siehe dazu die Karte bei *Kersten Krüger*, Die landschaftliche Verfassung Nordelbiens in der Frühen Neuzeit: ein besonderer Typ politischer Partizipation. In: Helmut Jäger/Franz Petri/Heinz Quirin (Hrsg.), Civitatum Communitas. Studien zum europäischen Städtewesen. Festschrift Heinz Stoob. Teil 2, Köln/Wien 1984, 458–487, hier 462.

de.⁴⁰ Zur Unterscheidung von der Kommunalverfassung und der Begründung einer eigenständigen Staatlichkeit landschaftlich verfasster Gemeinwesen nannte Krüger die folgenden Kriterien: „Die Existenz einer Repräsentativversammlung und die Finanzhoheit, die Möglichkeit der Kreditaufnahme und das Recht der Veranlagung und Erhebung von Steuern gegenüber den Einwohnern."⁴¹

Gerade auch im Norden Deutschlands hatte die Landschaftliche Verfassung eine recht weite Verbreitung gefunden, ein weiteres Element des „Nichtabsolutistischen im Zeitalter des Absolutismus".⁴²

Bei der Beschäftigung mit landständischer und landschaftlicher Verfassung muss der Blick zwangsläufig auch auf deren Pendant fallen: die absolute Monarchie bzw. den sogenannten Absolutismus. In Schweden wechseln Ständeparlamentarismus und absolute Monarchie 1611, 1680, 1718, 1772 und 1809 ohnehin in schönster Regelmäßigkeit einander ab. In beiden skandinavischen Staaten der Frühen Neuzeit ist die absolute Monarchie mit einschneidenden Reformen verbunden, die zum sozialen und wirtschaftlichen Ausgleich im Innern führten. Die ausgeglichene Grundbesitzgrößenstruktur Skandinaviens ist die Grundlage der für uns so selbstverständlich erscheinenden sozialen Stabilität der skandinavischen Länder. In beiden skandinavischen Staaten der Frühen Neuzeit, Dänemark-Norwegen und Schweden mit Finnland, wurde der Grundbesitzgrößenausgleich durch die absolute Monarchie hergestellt, in Schweden 1680, in Dänemark in der zweiten Hälfte des 18. Jahrhunderts.⁴³

So geht denn Kersten Krüger in seiner Analyse des dänischen Absolutismus breit auf die dänischen Agrarreformen gegen Ende des 18. Jahrhunderts ein, die in Teilen bis ins 19. Jahrhundert hineinreichen. In Schweden hatte die absolute Monarchie schon 1680 eine reichsweit ausgeglichene Bodeneigentumsstruktur geschaffen, und die persönliche Freiheit der Bauern war hier ebenso wenig in Frage gestellt wie das Eigentumsrecht, das sie an ihren Höfen hielten. Dänemark folgte mit den Reformen nach und schwenkte am Ende der Frühen Neuzeit gewissermaßen wieder zurück auf den skandinavischen Weg

---

⁴⁰ *Krüger*, Verfassung (Anm. 30), 484.

⁴¹ Ebd.

⁴² *Oestreich*, Strukturprobleme (Anm. 30), 183.

⁴³ *Kersten Krüger*, Der Aufgeklärte Absolutismus in Dänemark zur Zeit der Französischen Revolution. In: Arno Herzig/Inge Stephan/Hans-Gerhard Winter (Hrsg.), „Sie, und nicht Wir". Die Französische Revolution und ihre Wirkung auf Norddeutschland und das Reich. Hamburg 1989, 289–320, wiederabgedruckt in: Ders., Formung (Anm. 21), 309–334.

ein, nachdem es seit dem späten 15. Jahrhundert zumindest teilweise eine andere Entwicklung, die an ostelbische Verhältnisse erinnert, genommen hatte. Das Resümee Kersten Krügers:

„Dänemark [...] zeigt den einzigartigen Übergang zum Absolutismus durch Herrschaftsvertrag und nachfolgende verfassungsrechtliche Fixierung der neuen Regierungsform. Hier setzte sich der Primat der Außenpolitik nicht durch, vielmehr lässt sich ein Übergang zum Primat der Innenpolitik feststellen. Der Absolutismus, getragen von einer aufklärerischen Beamtenschaft, konnte grundlegende Reformen in sozialer Verantwortung durchsetzen und die Symmetrie der Ständegesellschaft vollenden."[44]

Dass Kersten Krüger als Ständehistoriker auch allgemeine Anerkennung genießt, wird insbesondere dadurch erkennbar, dass ihm in der „Enzyklopädie deutscher Geschichte" die Autorenschaft für den Band über die Landständische Verfassung übertragen wurde.[45] Neben einem Überblick über den Gegenstand und seine Geschichte, werden hier – dies gilt für alle Bände dieser Reihe – die Grundprobleme und Tendenzen der Forschung dargestellt.

Diese Schwerpunkte hat Kersten Krüger in seiner Lehre in Rostock umgesetzt.[46] Hier traf er auf eine schon ältere Tradition der Ständegeschichte, die in der Mitte des 19. Jahrhunderts von Carl Hegel (1813–1901) begründet worden war.[47] Hinsichtlich seiner Ständegeschichte wird Carl Hegel immerhin das

---

[44] *Kersten Krüger*, Absolutismus in Dänemark – ein Modell für Begriffsbildung und Typologie. In: Zeitschrift der Gesellschaft für Schleswig-Holsteinische Geschichte 104 (1979), 171–206, hier 192, wiederabgedruckt in: Ders., Formung (Anm. 21), 145–177; Zum Entstehungszusammenhang der Reformen der absoluten Monarchie in Schweden mit Finnland von 1680 bis 1693 siehe *Werner Buchholz*, Vom Adelsregiment zum Absolutismus. Finanzwirtschaft und Herrschaft in Schweden im 17. Jahrhundert. In: Peter Rauscher/Andrea Serles/Thomas Winkelbauer (Hrsg.), Das „Blut des Staatskörpers" (Historische Zeitschrift. Beih. [Neue Folge] 56). München 2012, 129–181.

[45] *Krüger*, Verfassung (Anm. 30).

[46] In der Terminologie vielleicht am deutlichsten: *Kersten Krüger/Heiko Schön*, Policey und Armenfürsorge in Rostock in der frühen Neuzeit. In: Werner Buchholz/Günter Mangelsdorf (Hrsg.), Land am Meer. Pommern im Spiegel seiner Geschichte. Festschrift Roderich Schmidt. Köln/Weimar/Wien 1996, 537–559, sowie *Kersten Krüger*, Die fürstlich-mecklenburgischen Policey-Ordnungen des 16. Jahrhunderts: Innenpolitik und Staatsbildung. In: Mecklenburgische Jahrbücher 111 (1996), 131–167.

[47] *Carl Hegel*, Geschichte der meklenburgischen Landstände bis zum Jahre 1555. Mit einem Urkunden-Anhang, Rostock 1856; Siehe auch die kürzlich erschienene Biografie Hegels

Verdienst zugeschrieben, „die Herausbildung der Geschichtswissenschaft als akademischer Disziplin in Rostock" geleistet zu haben.[48] So etwa in Krügers Arbeit über die mecklenburgischen Policey-Ordnungen, die ihrerseits die Grundlage für die weitere Erforschung der Sozialdisziplinierung in Mecklenburg schuf.[49] Andererseits engagierte sich Krüger im Rahmen der Erneuerung der Universität so weitgehend, dass ihm nur noch wenig Zeit für die Forschung blieb.

Da ist es dann umso bemerkenswerter, dass in Krügers Rostocker Zeit trotzdem noch über fünfzig Publikationen zustande kamen. Auch traf es sich gut, dass in Rostock das Max-Planck-Institut für Demografie angesiedelt ist.[50] Hier setzte Kersten Krüger einen Schwerpunkt bei der Erschließung von Volkszählungsdaten, insbesondere von Berufsklassifizierungen. Die Rostocker Volkszählung von 1819 wurde von Krüger gemeinsam mit seinen Doktoranden ausgewertet und dazu Haushalts- und Berufsschlüssel erarbeitet. Darüber hinaus wurden auch die Volkszählungen von 1819, 1867 und 1900 aufgenommen, deren Unterlagen sich heute im Max-Planck-Institut befinden.

Seitens des Instituts positiv bewertet wurde die Erschließung von Quellen. Besonders hervorgehoben wurde auf meine Nachfrage hin, dass Herr Krüger dem Institut seine eigene Datensammlung zur Historischen Demografie und die Expertise der Entwicklung des Standards zur Datenaufnahme zur Verfügung gestellt hat. Auf dieser Grundlage baut die Arbeit der Arbeitsgruppe des Instituts seither auf.

Das Interesse Kersten Krügers an der Stadtgeschichte galt ursprünglich dem Städtebau,[51] erst des 16. Jahrhunderts, dann dem Städtebau des Absolutismus und der damit verbundenen Frage, in welcher Weise der Herrschaftsanspruch der absoluten Monarchie sich im Erscheinungsbild der in dieser Zeit gegründe-

---

von *Marion Kreis*, Karl Hegel. Geschichtswissenschaftliche Bedeutung und wissenschaftsgeschichtlicher Standort (Schriftenreihe der Historischen Kommission bei der Bayerischen Akademie der Wissenschaften 84). Göttingen 2012.

[48] *Helmut Neuhaus*, Karl Hegel (1813–1901) – Ein (fast) vergessener Historiker des 19. Jahrhunderts. In: Armin Kohnle/Frank Engehausen (Hrsg.), Zwischen Wissenschaft und Politik. Studien zur deutschen Universitätsgeschichte. Festschrift Eike Wolgast. Stuttgart 2001, 309–328, hier 312.

[49] *Krüger*, Policey-Ordnungen (Anm. 30).

[50] Die folgenden Angaben zur Mitarbeit Kersten Krügers am Max-Planck-Institut für Demografie, Rostock, nach der freundlichen Auskunft von Herrn Dr. Rembrandt Scholz.

[51] *Krüger*, Dürer (Anm. 30).

ten oder nach neuen Plänen umgebauten Städte niedergeschlagen hat.[52] Später – und dann vor allem in Rostock – verband sich dieses Interesse immer mehr mit der Historischen Demografie und den quantitativen Methoden. Bei den betreuten Dissertationen wurden auch andere Regionen behandelt, etwa die Entfestung Kölns unter Oberbürgermeister Konrad Adenauer (1876–1976) in der Weimarer Republik.[53]

Das Ergebnis dieser Verbindung des Interesses für quantitative Methoden mit dem Interesse für Stadtgeschichte führte zu dem Projekt „Baltic towns" bzw. der Name in voller Länge „Towns of the Baltic and Scandinavia, Städte des Ostseeraums".[54]

Diese Datenbank steht heute im Internet der Öffentlichkeit zur Verfügung. Darin ist eine Fülle von Informationen über die Städte des Ostseeraums von der Gründung über die Geschichte und die Einwohnerzahlen zu verschiedenen Zeitpunkten bis hin zur städtischen Wirtschaft zu jeder Zeit abrufbar. Über die Bereitstellung der hauseigenen Datenbanken ist das Portal verlinkt mit dem Center for Dansk Byhistorie und mit der Datenbank des „stads- och kommunhistoriska institutet" an der Universität Stockholm.

Damit sind wir am Ende dieses Durchgangs durch das Werk Kersten Krügers auf Spuren seiner inneren Einheit angekommen.

---

[52] *Ders.*, Absolutismus und Stadtentwicklung: Kassel im 18. Jahrhundert. In: Hessisches Jahrbuch für Landesgeschichte 28 (1978), 191–212.
[53] *Marko Gebert*, Festung und Stadt Köln. Das Ende eines Bollwerks 1919 bis 1930 (Rostocker Schriften zur Regionalgeschichte 6), Berlin 2013.
[54] http://www.baltictowns.com/portal/e_index.html

Susi-Hilde Michael

Das Universitätskonzil anhand der ältesten Statuten

Einleitung

Die Universität Rostock wurde 1419 gegründet und blickt auf eine fast 600-jährige Geschichte zurück.[1] In Vorbereitung des 2019 zu feiernden Jubiläums wurden und werden unter der wissenschaftlichen Leitung von Professor Kersten Krüger zahlreiche Projekte zur universitätshistorischen Grundlagenforschung durchgeführt.[2]

Die ältesten Statuten der Alma Mater Rostochiensis und das Universitätskonzil

Auf der Homepage der Rostocker Universität heißt es: „Konzil, Akademischer Senat und Universitätsrat sind zentrale Gremien der Universität Rostock entsprechend der Grundordnung."[3] Die Internetseite zeigt unter anderem auch,

---

[1] *Karl-Friedrich Olechnowitz* (Hrsg.), Die Universität von 1419–1789. In: Günter Heidorn (Hrsg.), Geschichte der Universität Rostock 1419–1969. Festschrift zur Fünfhundertfünfzig-Jahr-Feier der Universität, Bd. 1, Rostock 1969, 3–6.

[2] Es würde den Rahmen sprengen, alle Projekte anzuführen. Stellvertretend seien genannt: *Kersten Krüger* (Hrsg.), Die Universitätsbibliothek Rostock. Aufbruch und Umbruch seit 1972. Direktoren berichten (Rostocker Studien zur Universitätsgeschichte, Bd. 22). Rostock 2013; *Susi-Hilde Michael*, Recht und Verfassung der Universität Rostock im Spiegel wesentlicher Rechtsquellen 1419–1563. Teil 1: Darstellung (Rostocker Studien zur Universitätsgeschichte, Bd. 23). Rostock 2013. Nachstehend wird zitiert: *Michael*, Darstellung; *Susi-Hilde Michael*, Recht und Verfassung der Universität Rostock im Spiegel wesentlicher Rechtsquellen 1419–1563. Teil 2: Quellen (Rostocker Studien zur Universitätsgeschichte, Bd. 24). Rostock 2013. Nachstehend wird zitiert: *Michael*, Quellen; *Kersten Krüger* (Hrsg.), Frauenstudium in Rostock. Berichte von und über Akademikerinnen (Rostocker Studien zur Universitätsgeschichte, Bd. 9). Rostock 2010. Neben zahlreichen gedruckt vorliegenden Beiträgen rief Professor Kersten Krüger den Catalogus Professorum Rostochiensium (CPR) und das Matrikelportal ins Leben. Das Matrikelportal dokumentiert die Einschreibungen seit der Gründung der Universität im Jahr 1419. http://matrikel.uni-rostock.de/ (abgerufen: 16. März 2015). Der Professorenkatalog dokumentiert die Professorinnen und Professoren, die an der Universität tätig waren bzw. tätig sind. http://cpr.uni-rostock.de/ (abgerufen: 16. März 2015).

[3] http://www.uni-rostock.de/struktur/gremien-und-wahlen/ (abgerufen: 13. März 2015).

wie viele Mitglieder das Universitätskonzil derzeit haben muss, wer diesem akademischen Gremium vorzustehen hat und welche Rechte und Pflichten den Konzilsmitgliedern obliegen.[4] Wer war jedoch im 15. Jahrhundert als Mitglied des Universitätskonzils vorgesehen? Wer musste die Leitung des *consilium universitatis* übernehmen und welche Aufgaben hatten die Gremiumsmitglieder an der spätmittelalterlichen *Universitas Rostochiensis* wahrzunehmen? Um unter anderem diese Fragen beantworten zu können, ist es erforderlich, die ältesten Rostocker Universitätsstatuten heranzuziehen. Nachstehend sollen diese kurz vorgestellt werden.

Die eben genannten Sollbestimmungen sind im Rostocker Universitäts-und Stadtarchiv vorhanden.[5] Neben diesen handschriftlichen Überlieferungen stehen die Edition des Ernestus von Westphalen sowie die Neuedition und die Übersetzung des Quellentextes, die von der Autorin dieses Aufsatzes erarbeitet wurden, der Wissenschaft zur Verfügung.[6] Betrachtet man das älteste Statutenkorpus, erkennt man, dass es aus 20 Rubriken besteht, denen die Rubrikenordnung vorangeht.[7] Die Universitätsgesetze der *rubricae* I bis IXX und die Einleitung der *rubrica* XX wurden in Mittellatein verfasst.[8] Die Statuten der Rubrik XX liegen in niederdeutscher Sprache vor.[9] Das Korpus umfasst insgesamt 199 Festlegungen, von denen 33 als *Unabänderliche* gekennzeichnet sind.[10] Diese *statuta immutabilia* waren jedoch nicht gänzlich unabänderlich, sondern ihre Änderung unterlag lediglich strengeren Richtlinien.[11] Was die

---

[4] http://www.uni-rostock.de/struktur/gremien-und-wahlen/konzil/ (abgerufen: 15. März 2015).

[5] *Susi-Hilde Michael*, Wesentliche normative Rechtsquellen der Universität Rostock. In: Gisela Boeck/Hans-Uwe Lammel (Hrsg.), Von Rechtsquellen und Studentenverbindungen, Lateinamerikanistikpionieren und politisch Unangepassten. Facetten Rostocker Universitätsgeschichtsschreibung (1), (Rostocker Studien zur Universitätsgeschichte, Bd. 27). Rostock 2014, 71–121, hier 85f. Nachstehend wird zitiert: *Michael*, Rechtsquellen.

[6] *Ernestus von Westphalen*, Statuta prima Academiae Rostochiensis Anno 1419 inchontae. Ex authentico codice membraneo descripta, in: Monumenta inedita Rerum Germanicarum praecipue Cimbricarum et Megapolensium, Leipzig 1745, Bd. 4, Sp. 1008–1047; *Michael*, Quellen, 16–67 und 77–136.

[7] *Michael*, Rechtsquellen, 85.

[8] Ebd., 88.

[9] Ebd., 88.

[10] Ebd., 98.

[11] *Michael*, Darstellung, 179–182.

Abfassungszeit angeht, ist nach neuesten Forschungen davon auszugehen, dass sowohl vor der Einrichtung der Theologischen Fakultät im Jahr 1433 als auch danach Statuten erlassen worden sind.[12]

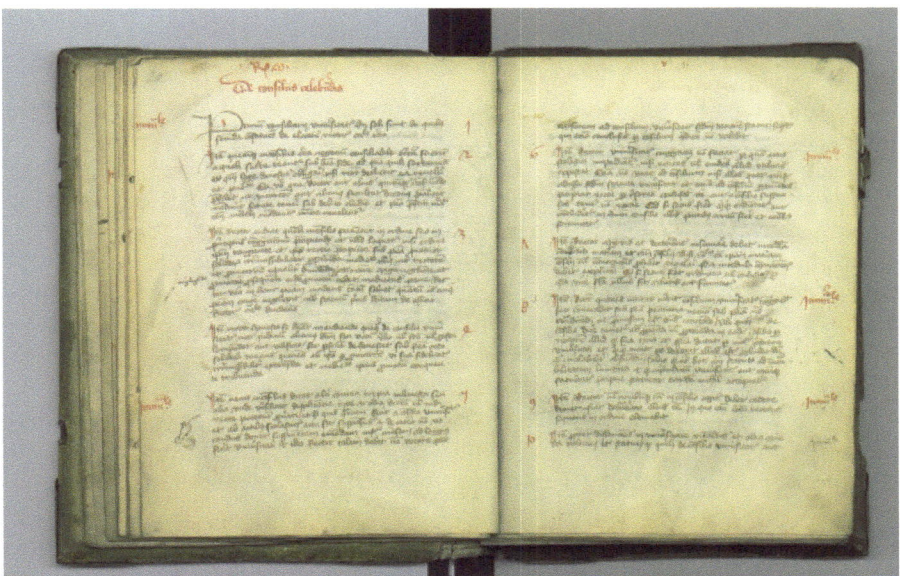

Abbildung: Älteste Rostocker Universitätsstatuten Rubrica V (Quelle: UAR RIA 1)

Ist man nun bestrebt, sich mit dem Konzil im Bereich des Solls wissenschaftlich auseinanderzusetzen, sind die Rubrik V (siehe Abbildung), die mit den

---

[12] *Michael*, Rechtsquellen, 87f. Die Universität Rostock wurde mit einer Juristischen, einer Medizinischen und einer Artistenfakultät gegründet. Die Theologische Fakultät wurde erst im Jahr 1433 durch Papst Eugen IV. bewilligt. Sein Vorgänger fürchtete, dass die Alma Mater Rostochiensis durch eine Theologische Fakultät zum Ausgangspunkt häretischer Lehren werden könnte. *Marko Andrej Pluns*, Die Universität Rostock 1418–1563. Eine Hochschule im Spannungsfeld zwischen Stadt, Landesherren und wendischen Hansestädten. Köln 2007, 495. Eugen IV. (weltlicher Name: Gabriele Condulmer) wurde 1383 in Venedig geboren. Er starb am 23. Februar 1447 in Rom. Am 12. März 1431 wählte und krönte man ihn zum Papst. In der Forschung gilt das lange Pontifikat Eugens IV. als letzte große Krise des Papsttums vor der Reformation. *Johannes Helmrath*, Eugen IV. In: *Robert-Henri Bautier et al.* (Hrsg.), Lexikon des Mittelalters. Bd. IV, München 1989, Sp. 80f.

Worten „Über das Abhalten von Konzilien"[13] überschrieben ist, aber auch zahlreiche weitere Statuten der anderen Rubriken gründlich unter die Historikerlupe zu nehmen.[14]

Organisatorisches zum Universitätskonzil

Beschäftigt man sich mit dem Konzil der Universität, ist an erster Stelle anzuführen, welche *membra universitatis Rostochiensis* den ältesten Statuten gemäß als stimmberechtigte Universitätskonzilsmitglieder galten und welche anderweitigen Personen unter bestimmten Voraussetzungen als notwendige, stimmberechtigte Anwesende den Sitzungen des Universitätskonzils beizuwohnen hatten.[15]

In erster Linie waren all die Graduierten als stimmberechtigte Konzilsmitglieder vorgesehen, die als sogenannte Stipendiaten[16] an der Universität lehrten und denen mindestens 30 Rheinische Gulden an Jahresbesoldung statutarisch zugestanden wurden.[17] Dieses Kriterium erfüllten dem in den ältesten Universitätsstatuten enthaltenen Stellen- und Besoldungsplan zufolge die zwei *doctores regentes* der Theologie. Für den einen waren 80 und für den anderen 60 Rheinische Gulden an Jahresbesoldung vorgesehen.[18] Außer den zwei Theologen sind vier zum Doktor promovierte Juristen zu nennen.[19] Zwei von ihnen mussten Doktor des Kirchenrechts sein. Der eine *doctor iuris canonici* hatte mindestens 80 Rheinische Gulden pro Jahr an Besoldung zu erhalten, während

---

[13] *Michael*, Quellen, 90. Wird in den Fußnoten nachstehend auf die im Quellenband zu findenden ältesten Rostocker Universitätsstatuten verwiesen, ist statt *Michael, Quellen* fortan *Statuten [nach 1433]* zu zitieren.

[14] Siehe u. a.: Statuten [nach 1433], VII, 4, 100f; I, 3 und I, 5, 77f.; III, 8, 83; XIII, 1-7, 121–123; XX, 1 und 2, 133.

[15] In sehr knappen Zügen setzte sich Otto Karsten Krabbe mit den Konzilsmitgliedern auseinander. *Otto Karsten Krabbe*, Die Universität Rostock im fünfzehnten und sechzehnten Jahrhundert. Rostock 1854, 80f; 89; *Michael*, Darstellung, 164–208.

[16] Ein Stipendiat ist eine auf eine besoldete Lehrstelle ordentlich berufene Lehrkraft. In der Frühphase der Universität Rostock wurden die stipendiati aus den der Universität extra dafür von der Warnowstadt bereitgestellten 800 Rheinischen Gulden besoldet. *Michael*, Quellen, 142.

[17] Statuten [nach 1433], II, 3, 80.

[18] Ebd., XIII, 13, 1, 12f.

[19] Ebd., XIII, 5 und 6, 122.

die Statuten dem zweiten mindestens 60 Gulden zusprachen.[20] Die anderen zwei Juristen mussten *doctores* für Zivilrecht sein. Diese *stipendiati* hatten 50 beziehungsweise 60 Gulden an Jahresbesoldung zu empfangen.[21] Fernerhin lässt sich belegen, dass der Plan genau einen zum Doktor der Medizin promovierten Stipendiaten vorsah. Die Stelle des Mediziners war dem Statut XIII, 3 zufolge mit 40 Gulden pro Jahr dotiert.[22] Darüber hinaus sind sieben Magister der Freien Künste als stimmberechtigte Universitätskonzilsmitglieder anzuführen. Drei von ihnen mussten zum Magister der *artes liberales* und zum Bakkalar der Heiligen Theologie promoviert sein. Jedem dieser *magistri* standen jährlich 40 Gulden zu.[23] Die übrigen vier Magister waren mit 30 Rheinischen Gulden zu entlohnen.[24] Einer von ihnen hatte zusätzlich den Bakkalaren-Grad der Medizin zu führen, da er als Stipendiat an der Medizinischen Fakultät vorgesehen war.[25] Für die übrigen drei *magistri* wurde keine weitere Graduierung an einer der drei höheren Fakultäten gefordert.[26] Darüber hinaus durften die Universitätskonzilsmitglieder sich für die zusätzliche Aufnahme von zwei, maximal drei weiteren Konzilsmitgliedern entscheiden.[27] Das mussten gemäß Statut II, 3 „angesehene Graduierte"[28] sein. Der Stadtrat Rostocks forderte jedoch, wenn zusätzliche Universitätskonzilsmitglieder seitens der Universität gewünscht wurden, den Juristen des Kirchenrechts Ludolphus Gruwel und Magister Michael als zusätzliche Mitglieder des Gremiums aufzunehmen.[29]

---

[20] Ebd., XIII, 5, 122.

[21] Ebd., XIII, 6, 122f.

[22] Ebd., XIII, 3, 121.

[23] Ebd., XIII, 1, 120f.

[24] Ebd., XIII, 2, 121.

[25] Ebd., XIII, 3, 121.

[26] Ebd., XIII, 3, 121f.; Die Theologische, Juristische und Medizinische Fakultät bezeichnete man als die oberen oder höheren Fakultäten. Statuten [nach 1433], VII, 4, 100f.

[27] Ebd., II, 3, 80.

[28] Ebd., II, 3, 80.

[29] Ebd., XX, 5P, 135f. Der aus Lübeck stammende Ludolphus Gruwel wurde im Jahr 1419 an der Universität Rostock immatrikuliert. Er hatte zuvor in Erfurt studiert, wo er zum Bakkalar der Artes liberales und zum Bakkalar des Zivil- und Kirchenrechts promoviert wurde. http://purl.matrikel.uni-rostock.de/matrikel/100002303 (abgerufen: 11. März 2015). Magister Michael aus Stettin ist momentan nicht ermittelbar. Der Stadtrat durfte Forderungen dieser Art geltend machen, da der Rat der Stadt Rostock der Patron der Universität Rostock war. Der Patron durfte gegenüber der Universität gewisse Rechte einfordern. Er musste aber

Diese Stipendiaten erhielten den ältesten Statuten zufolge weniger als 30 Rheinische Gulden an Jahresbesoldung.[30] Die Konzilsmitglieder konnten somit lediglich über das dritte zusätzliche Mitglied des Universitätskonzils frei entscheiden. Ludolphus Gruwel wurde im Sommersemester des Jahres 1422 zum Rektor der *Alma Mater Rostochiensis* gewählt.[31] Den Festlegungen gemäß durfte nur ein Universitätskonzilsmitglied zum Rektor der Universität gewählt werden. Wenn diese Regelung auch *in praxi* Anwendung fand, ist davon auszugehen, dass Ludolphus Gruwel ein stimmberechtigtes Universitätskonzilsmitglied war.[32]

Die 1437 nach Greifswald gezogene Universität musste nach ihrer Rückkehr nach Rostock mit weit weniger Lehrpersonal auskommen, was auch Konsequenzen für das Konzil der Universität hatte, das mit weit weniger Mitgliedern auskommen musste, als es die Statuten forderten.[33]

Die Lektüre der ältesten *statuta* macht aber auch deutlich, dass für einige Entscheidungen des Universitätskonzils die Anwesenheit und die *Vota* der Bürgermeister und der Ratsherren der Warnowstadt erforderlich waren.[34] Diese Herren waren keine Universitätskonzilsmitglieder im eigentlichen Sinne, aber unter bestimmten Voraussetzungen notwendige, entscheidungsbefugte und somit stimmberechtigte Anwesende in den jeweiligen Konzilssitzungen.[35]

Nachdem gezeigt wurde, wer als Mitglied des Gremiums und wer als stimmberechtigter Anwesender vorgesehen war, werden nun weitere Personen vorgestellt, die den Sitzungen des Konzils als nicht stimmberechtigte Teilnehmer beizuwohnen hatten. Das Studium des Statutenkorpus zeigt, dass bei jeder Sitzung der Notar sowie die Pedelle der Universität anwesend sein mussten.[36]

---

auch gewisse Forderungen der Universität erfüllen. Die Universität hatte wiederum den Forderungen ihres Schutzherrn nachzukommen. *Michael*, Quellen, 140f.

[30] Statuten [nach 1433], XIII, 1, 120f. und XIII, 4, 122.

[31] Matrikel der Universität Rostock. http://matrikel.uni-rostock.de/periode/1422Ost. (abgerufen: 12. 02. 2015).

[32] Statuten [nach 1433], II, 2, 79f.

[33] *Marko Andrej Pluns*, Universitätsfinanzierung am Übergang zwischen Spätmittelalter und Früher Neuzeit: Rostock im 16. Jahrhundert, Magisterarbeit Phil. Fak., Rostock 1999, 11.

[34] Ebd., I, 3, 77.

[35] Ebd., I, 3, 77.

[36] Ebd., VII, 4, 100f.; V, 13, 94. Der Notar war der Sekretär der Universität. Er musste gewiss über umfassende Schreib- und Lateinkenntnisse verfügen. *Michael*, Quellen, 140. Die Pedelle werden in den ältesten Rostocker Universitätsstatuten immer im Plural genannt.

Der Notar hatte das Sitzungsprotokoll zu schreiben und den Pedellen oblag es, die Platzierung der jeweils Geladenen zu kontrollieren.[37]

Es reicht jedoch bei Weitem nicht aus, auf die Mitglieder, die stimmberechtigten Anwesenden und die nicht stimmberechtigten Teilnehmer des Universitätskonzils einzugehen. Es sind auch Ausführungen zu machen, die erkennen lassen, bei wem die Leitung des Konzils zu liegen hatte. So musste eines der stimmberechtigten Konzilsmitglieder jeweils für ein Semester das Amt des Universitätsrektors bekleiden.[38] Dieser zum Rektor und somit zum Oberhaupt der Universität gewählte Stipendiat wurde allen übrigen Mitgliedern, Anwesenden und Teilnehmern des Konzils als Leiter des Gremiums übergeordnet.[39] Bei Abwesenheit des Rektors wurden notwendige Universitätskonzilssitzungen durch den Vizerektor geleitet.[40] Wenn der Rektor zugegen war, aber in einer Sitzung über ihn wegen „dessen Angelegenheit verhandelt"[41] wurde, musste er die Versammlung verlassen und „der Nächste in der Rangfolge"[42] hatte währenddessen die Position des Rektors und somit des Konzilsleiters zu übernehmen. Als Nächster in der Rangfolge galt, wenn er nicht zugleich das Rektorenamt innehatte, der Dekan der Theologischen Fakultät.[43]

Der Überblick über die Konzilsleitung hat die Voraussetzung geschaffen, sich dem Thema der Ladung zum Universitätskonzil zuwenden zu können. Die Einberufung zu den Universitätskonzilssitzungen hatte der *rector universitatis* oder eben sein Stellvertreter schriftlich vorzunehmen.[44] Der Konzilsleiter musste generell auf den sogenannten Einberufungsunterlagen „den Gegenstand und Grund"[45] der jeweiligen Sitzung angeben. Indem auf diesem Schriftstück

---

Es ist nicht festzustellen wie viele Pedelle es an der Universität tatsächlich geben musste. An der Universität waren sie für Botengänge zuständig. *Michael*, Quellen, 141; siehe 10 in diesem Aufsatz.

[37] Statuten [nach 1433], VII, 4, 100f.
[38] Ebd., II, 2Z, 82.
[39] Ebd., VII, 4, 100f.
[40] Ebd., III, 19, 85.
[41] Ebd., V, 9, 92.
[42] Ebd.
[43] Ebd., VII, 4, 100f.
[44] Ebd., V, 7, 92.
[45] Ebd.

grundsätzlich der „Gegenstand und Grund"[46] der jeweiligen Konzilssitzung zu vermerken war, konnten die Geladenen sich auf die anstehende Zusammenkunft vorbereiten. Wenn aber „ein erheblicher Grund die Offenlegung von Ursache und Gegenstand des Konzils und der Einberufung"[47] es verhinderten, dann durfte der Universitätskonzilsleiter darauf verzichten „Gegenstand und Grund"[48] anzugeben. In diesem Fall hatte er auf den Einberufungsunterlagen jedoch einen entsprechenden Vermerk zu machen.[49] Fehlte dieser, durften die in der jeweiligen Sitzung beschlossenen Belange keine Gültigkeit erlangen.[50] Diese Einberufungsunterlagen waren den stimmberechtigten Universitätskonzilsmitgliedern, sofern sie nicht suspendiert waren, sowie bei Erfordernis den Bürgermeistern und Ratsherren der Warnowstadt zu erhalten.[51] Für deren Zustellung waren die Universitätspedelle zuständig.[52] Ließ der Rektor oder sein Stellvertreter durch die Pedelle suspendierte Universitätskonzilsmitglieder laden, war das in der jeweiligen Gremiumssitzung Beschlossene und Angeordnete ebenfalls ohne Rechtskraft.[53] Ohne Rechtsgültigkeit war das Beschlossene auch, wenn vom Konzil suspendierte Universitätslehrer aus freien Stücken – also uneingeladen – zur Konzilssitzung kamen und dieser nicht verwiesen wurden.[54]

Setzt man sich mit den organisatorischen Belangen des Konzils auseinander, ist auch die Frage zu beantworten, wann und wo Konzilssitzungen stattfinden mussten. Bezüglich der Termine geht aus den Sollbestimmungen hervor, dass der Universitätskonzilsleiter im Allgemeinen keine Sitzung zu einem Termin einberufen durfte, durch den der Lehrbetrieb behindert wurde.[55] Die allwöchentlich abzuhaltende Konzilssitzung hatte deshalb freitags am späten

---

[46] Ebd.
[47] Ebd.
[48] Ebd.
[49] Ebd.
[50] Ebd.
[51] Ebd., V, 5, 91.
[52] Ebd., V, 5 und V, 6, 91f.
[53] Ebd.
[54] Ebd, V, 6, 91f.
[55] Ebd., III, 9, 83; V, 6, 91f.

Nachmittag stattzufinden.[56] Neben diesen regelmäßigen, ordentlichen Gremiumssitzungen hatte der *rector universitatis* oder der Vizerektor jedoch ferner die Möglichkeit, außerordentliche Konzilssitzungen, immer wenn „die Notwendigkeit oder unabweisbarer Bedarf"[57] es erforderten, einzuberufen.[58] In diesem Fall durfte bei der Einberufung der Lehrbetrieb außer Acht gelassen werden.[59] Was man genau an der Rostocker Universität als Notwendigkeit oder unabweisbaren Bedarf verstand, geht aus den Festlegungen nicht hervor. Vermutlich ging es um Angelegenheiten, deren Klärung keinen Aufschub bis zur nächsten, allwöchentlich stattfindenden Universitätskonzilssitzung duldete. Den seit dem Sommersemester 1563 überlieferten Konzilsprotokollen ist unter anderem zu entnehmen, wann eine sogenannte außerordentliche Konzilssitzung stattfand. Dies war zum Beispiel am 9. September 1567 der Fall.[60]

Zum Versammlungsort wurde in den ältesten Universitätsstatuten festgelegt, dass die Sitzungen des Gremiums „an einem passenden Ort"[61] stattzufinden hatten. Die Konzilsmitglieder und sonstigen Anwesenden sollten gewiss dort ungestört über die jeweiligen Tagesordnungspunkte diskutieren und abstimmen können. Aus den überlieferten Universitätskonzilsunterlagen geht hervor, wo die Versammlungen stattfanden. Für die Sitzungen am 10. und 15. November 1568 ist z. B. das Fraterkloster in den Akten vermerkt.[62]

Mit den Aussagen zum Versammlungstermin und -ort sind die Ausführungen zu den organisatorischen Belangen jedoch noch nicht erschöpft. Auch die Verhaltensvorschriften, die die Konzilsmitglieder, die stimmberechtigten Anwesenden und der Konzilsleiter den ältesten Sollbestimmungen gemäß zu be-

---

[56] Ebd., III, 9, 83; V, 6, 91f.

[57] Ebd., III, 10, 83f.

[58] Ebd., III, 10, 83f.; V, 6 und 8, 91f.

[59] Ebd., V, 6, 91f.

[60] UAR R III A 2 (297). Die Archivsignatur kennzeichnet die eingesehenen Protokolle des Universitätskonzils. UAR ist das übliche Kürzel für das Archiv der Universität Rostock.

[61] Statuten [nach 1433], III, 9, 83.

[62] UAR RIII A 2 (299); Mit dem Fraterkloster ist das Kloster zu St. Michael gemeint. Siehe: Georg Christian Friedrich *Lisch*, Buchdruckerei der Brüder zum gemeinsamen Leben. In: Jahrbücher des Vereins für Mecklenburgische Geschichte und Altertumskunde, Band 4 (1839), 1-62, online abrufbar auf dem Dokumentenserver der Landesbibliothek Mecklenburg-Vorpommern. http://mvdok.lbmv.de/mjbrenderer?id=mvdok_document_00000154. (abgerufen: 16. März 2015).

folgen hatten, sollen vorgestellt werden. Die erste Vorschrift bezieht sich auf die Schweigepflicht: Das in Universitätskonzilssitzungen Besprochene unterlag grundsätzlich der Geheimhaltung.[63] Außerhalb einer Sitzung durfte nur über das, was auf Veranlassung des Sitzungsleiters „öffentlich bekannt zu geben"[64] war, gesprochen werden.

Außerdem waren die Einberufenen verpflichtet, in den Gremiumssitzungen nur zu sprechen, wenn die Reihe an ihnen war.[65] Darüber hinaus durfte kein Mitglied des Universitätskonzils und sicherlich auch nicht die zu gegebenem Anlass hinzuzuziehenden Bürgermeister und Ratsherren dem Sitzungsvorsitzenden und den sonstigen Gremiumsmitgliedern gegenüber „schändliche und unehrenhafte Schmähungen oder Ähnliches äußern".[66] Durch derartige Verbalinjurien konnten leicht Unmut, Streit und Hass entstehen.[67]

Was das Verhalten des Leiters des Konzils angeht, ist zu notieren, dass er zu Beginn jeder Konzilssitzung jedes stimmberechtigte Konzilsmitglied und gewiss auch die gegebenenfalls anwesenden, stimmberechtigten Bürgermeister und Ratsherren Rostocks der Reihe nach geduldig anhören musste.[68] Der Vorsitzende war folglich dazu verpflichtet, dem jeweils Vortragenden nicht das Wort abzuschneiden oder ihn in irgendeiner Form beim Vorbringen seiner Ausführungen zu drängen. Beim Anhören der Beiträge hatte er die Pflicht, „sich ehrenhaft"[69] zu verhalten. Man entnimmt dem gleichen Statut, was man an der Bildungseinrichtung unter ehrenhaftem Verhalten verstand, denn es heißt:

„Er darf die geäußerte Meinung einer Person oder ihr Votum weder mit seinen Worten noch durch eine Handlung noch durch eine Geste abwerten oder gering achten, noch eine Person in ihrer Ehre kränken."[70]

Setzt man sich mit den Verhaltensvorschriften für die Konzilssitzungen auseinander, darf auch die folgende Bestimmung nicht unbeachtet bleiben: Wenn

---

[63] Statuten [nach 1433], V, 2, 90f.

[64] Ebd.

[65] Ebd., V, 3, 91. Ausführungen zu der Reihenfolge siehe 10.

[66] Ebd., V, 5, 91.

[67] Ebd.

[68] Ebd., V, 3, 91.

[69] Ebd., V, 4, 91.

[70] Ebd.

über den *rector universitatis* oder über ein anderes Universitätskonzilsmitglied im Gremium verhandelt wurde, musste diese Person die Versammlung verlassen.[71]

Nachdem sich den Verhaltensvorschriften zugewandt worden war, soll nun noch untersucht werden, ob den Sollbestimmungen hinsichtlich des Sitzungsablaufes etwas zu entnehmen ist. Die einzige Information dazu findet sich in Statut V, 3. Dort heißt es: „Zu Beginn der Versammlungen hört der Rektor geduldig jeden der Reihe nach an."[72] Diese Bestimmung muss die Frage aufwerfen, was die Worte „der Reihe nach"[73] bedeuten. Man könnte meinen, dass der Konzilsleiter angehalten war, darauf zu achten, dass die zur Sitzung Geladenen nicht durcheinander, sondern eben „der Reihe nach"[74] sprachen.

Die genaue Auseinandersetzung mit dem Korpus der ältesten Universitätsstatuten lenkt den Blick erneut auf Statut VII, 4. Das *statutum* zeigt, dass die zum Konzil geladenen Stipendiaten unter Berücksichtigung der Rangfolge der Fakultäten anzuhören waren.[75] Studiert man die eben genannte Sollbestimmung genau, erkennt man, dass der Konzilsleiter an erster Stelle den Dekan der Theologischen Fakultät anzuhören hatte.[76] Nach diesem musste der zweite *doctor regens* der Heiligen Theologie an die Reihe kommen.[77] Anschließend waren die mündlichen Beiträge der vier zum Doktor graduierten Juristen anzuhören.[78] Dabei galt es zu beachten, dass der Lehrende jeweils vor dem Jura-Stipendiaten, dessen Promotion weniger lang zurücklag, den Vorrang hatte.[79] Einer dieser Juristen war jeweils für ein Semester der Dekan der Juristischen Fakultät. Ihm durfte deshalb unter den *doctores regentes* seines Fachs aber keine Vorrangstellung eingeräumt werden.[80] Danach musste der Konzilsleiter

---

[71] Ebd., V, 9, 92.

[72] Ebd., V, 3, 91.

[73] Ebd.

[74] Ebd.

[75] Ebd. VII, 4, 100f. Die Fakultäten hatten folgende Rangfolge: Die ranghöchste Fakultät war die Theologische, ihr folgte die Juristische Fakultät. Der dritte Rang kam der Medizinischen Fakultät zu. Die Artistenfakultät hatte den untersten Rang.

[76] Ebd., VII, 4, 100f.

[77] Ebd.

[78] Ebd.

[79] Ebd.

[80] Ebd.

den zum Doktor der Heilkunst promovierten Stipendiaten zu Wort kommen lassen.[81] Nachdem der Mediziner gesprochen hatte, kam der Dekan der Artistenfakultät an die Reihe.[82] Danach hatte der Gremiumsleiter den *stipendiati* der Artistenfakultät, die zusätzlich den Grad des Bakkalars der Theologie zu führen hatten, Gehör zu schenken.[83] Dabei musste ihr *Promotionsalter*[84] beachtet werden. Das heißt, dass jeweils der ordentlich berufene Magister und Bakkalar der Theologie vor demjenigen den Vorrang hatte, dessen Promotion weniger lange zurücklag. Nach ihnen waren, ebenfalls unter Beachtung des Promotionsalters, die weiteren *magistri* anzuhören.[85] Einer von ihnen musste nicht nur Magister der Artes, sondern auch noch Bakkalar der Medizin sein.[86] Für die anderen *magistri* forderten die Statuten keine weitere Graduierung.[87]

Die eben vorgestellte Reihenfolge musste jedoch an einer Stelle unterbrochen werden, da der jeweils amtierende Rektor heraustrat und die bereits hinreichend beschriebene übergeordnete Leitungsfunktion übernahm.[88]

Es wurde bereits in diesem Kapitel deutlich gemacht, dass unter gewissen Umständen die Bürgermeister und Ratsherren der Warnowstadt als stimmberechtigte Anwesende zu Konzilssitzungen geladen werden mussten. War das der Fall, dann hatten diese Herren zwischen den Doktoren und Magistern Platz zu nehmen und, wenn die Reihe an ihnen war, ihre Äußerungen vorzubringen.[89]

Damit in einer Sitzung des Universitätskonzils jeder Geladene „der Reihe nach"[90] angehört wurde, mussten der Sitzungsleiter, aber auch die Konzilsmitglieder und Anwesenden die eben vorgestellte Reihenfolge kennen und einhal-

---

[81] Ebd.

[82] Ebd.

[83] Ebd.

[84] Ebd.

[85] Ebd.

[86] Ebd., XIII, 3, 121.

[87] Ebd., XIII, 2, 121.

[88] Ebd., VII, 4, 100f.

[89] Ebd.

[90] Ebd., V, 3, 91.

ten.[91] Darüber hinaus hatten die Pedelle diese Platzordnung genau zu kennen und für deren Einhaltung Sorge zu tragen.[92]

Die Aufgaben der Universitätskonzilsmitglieder – Ein Überblick

In diesem Abschnitt sollen die Aufgaben der Universitätskonzilsmitglieder, die den ältesten Universitätsstatuten zu entnehmen sind, genannt werden, damit eine Vorstellung darüber entsteht, was in ihren Zuständigkeitsbereich fiel.

An erster Stelle ist anzuführen, dass die *membra consilii universitatis* zwei Mal im Jahr die Wahl des Universitätsrektors vorzunehmen hatten. Diese Wahl galt es für das Wintersemester am 9. Oktober und für das Sommersemester am 14. April durchzuführen.[93] An diesen Wahltagen oblag es ihnen auch, die Bestimmung des Promotors vorzunehmen.[94]

Außerdem zählte es unter bestimmten Voraussetzungen zu Rechten und Pflichten der Konzilsmitglieder, dass entweder alle oder nur einzelne Mitglieder bei in Streit geratenen Parteien als Schlichter zu agieren hatten.[95] Darüber hinaus konnten bzw. mussten sie bei im akademischen Gericht zu verhandelnden Zivildelikten oder bei leichten Kriminalfällen, die ein Universitätsmitglied gegen ein anderes *membrum universitatis* oder gegen einen Bürger Rostocks verübt hatte, als Assessoren herangezogen werden.[96]

Ferner fiel es statutengemäß in den Zuständigkeitsbereich der Gremiumsmitglieder, ihre Zustimmung zur Einrichtung einer neuen Regentie zu geben.[97]

---

[91] Ebd., VII, 4, 100f.

[92] Ebd.

[93] Ebd., II, 1, 79.

[94] Ebd., VI, 2, 96. Der Promotor hatte die Einhaltung der Statuten zu überwachen, für die Strafverfolgung zu sorgen und im Besonderen die Amtstätigkeit des Rektors der Universität zu überwachen. Nur ein Stipendiat, der ein Universitätskonzilsmitglied war, durfte Promotor sein. Statuten [nach 1433], VI, 1, 96.

[95] Statuten [nach 1433], V, 11, 93f.; XX, 6, 134; XX, 5P, 135f. In den ersten Jahrzehnten der 1419 gegründeten Universität Rostock lag die Zivilgerichtsbarkeit und die Gerichtsbarkeit wegen leichter Kriminaldelikte, die von Universitätsmitgliedern verübt wurden, beim Rektor. Dieser hatte im akademischen Gericht nicht ohne Assessoren zu richten. *Michael*, Darstellung, 139–145.

[96] Ebd., III, 8, 83.

[97] Ebd., IX, 28, 110; Regentie ist in den Statuten die Bezeichnung des Wohn- und Studienbereichs für ungraduierte und bereits graduierte Universitätsangehörige. Die Regentien

Auch gehörte es zu ihren Aufgaben, die Genehmigung auszustellen, die einen ungraduierten oder einen bereits graduierten Studierenden dazu berechtigte, zum Beispiel für ein halbes Jahr nicht in einer der Regentien, sondern bei einem Einwohner oder Bürger Rostocks zu wohnen.[98]

Die ältesten Universitätsstatuten weisen außerdem an, dass die Konzilsmitglieder mit der Rostocker Bürgerschaft über die Erlaubnis zu verhandeln hatten, dass der Promotor das erforderliche Siegel für den Kauf einer Tonne nicht in Rostock gebrauten Bieres an der Universität austeilen durfte.[99]

Darüber hinaus wurden die Mitglieder des Konzils dazu aufgefordert, der zu Beginn eines jeden Semesters durch den abgetretenen Rektor durchzuführenden Überprüfung der Einkünfte und Ausgaben der Universität beizuwohnen.[100] Sie waren außerdem dazu verpflichtet, bevor der *rector universitatis* vom im Universitätsfiskus[101] befindlichen Geld Anschaffungen tätigen durfte, darüber zu beraten, um anschließend gegebenenfalls diesbezüglich ihre Zustimmung zu erteilen.[102]

Zu den Aufgaben beziehungsweise den Rechten und Pflichten der Konzilsmitglieder gehörten die Berufung von Stipendiaten und die Kündigung dieser ordentlich berufenen Universitätslehrer.[103]

Die letzten hier anzuführenden Aufgaben betreffen die Universitätsstatuten. Ihre Findung beziehungsweise Änderung oblag nämlich den *membra consilii universitatis*.[104]

---

ersetzen aber nicht die *schola*, d. h. den Hörsaal, in dem die ordentlichen Vorlesungen gehalten wurden. Sie dienten auch nicht als Unterkunft für die nicht mit deren Leitung beauftragten Stipendiaten. *Michael*, Quellen, 141.

[98] Statuten [nach 1433], IV, 16, 89.

[99] Ebd., X, 2, 111.

[100] Ebd., III, 2, 82.

[101] Der Fiskus war eine verschließbare Truhe, die an einem sicheren Ort aufbewahrt werden musste. Er diente als Aufbewahrungsort für Geld und andere Vermögenswerte. Der Rektor und jeder der vier Fakultätsdekane hatten einen Schlüssel und somit Zugang zum Fiskus. Sollte der Fiskus geöffnet werden, mussten die eben genannten Personen zugegen sein, um aufzuschließen. *Michael*, Quellen, 138.

[102] Statuten [nach 1433], III, 5, 82.

[103] Ebd., XIII, 12 und 13, S. 124; XX, 1, 133.

[104] Siehe nachstehendes Kapitel.

Es ist aber auch darauf hinzuweisen, dass sich die Universitätskonzilsmitglieder im universitären Alltag gewiss auch mit zahlreichen weiteren Aufgaben konfrontiert sahen, die natürlich nicht anhand der Statuten abzulesen sind.

Abschließend sei betont, dass die meisten dieser hier aufgezeigten Aufgaben Anlass zu einer tiefer gehenden wissenschaftlichen Auseinandersetzung geben. Weil das jedoch den Rahmen dieses Aufsatzes sprengen würde, soll im folgenden Kapitel lediglich auf die Findung und Änderung von Universitätsstatuten eingegangen werden.

Die Findung und Änderung von Universitätsstatuten

Das Erlassen und Ändern der Sollbestimmungen der Universität war notwendig, denn an der *Alma Mater Rostochiensis* durfte kein Gewohnheitsrecht gelten.[105] Statutenneufindungen oder Statutenänderungen galt es zu unternehmen, „[s]o oft es die Notwendigkeit oder das Wohl der Universität"[106] verlangte.

Um ein neues Universitätsstatut zu schaffen, mussten den ältesten Festlegungen nach, wenn der Inhalt des Gesetzes nur die Universität betreffen sollte, die stimmberechtigten Universitätskonzilsmitglieder in drei voneinander unabhängigen Beratungen den Gesetzesentwurf erarbeiten.[107] Zwischen den Beratungen war ein Zeitintervall von jeweils acht Tagen einzuhalten.[108]

Sollte der Inhalt des neu zu erarbeitenden Statuts jedoch die Universität und die Rostocker Bürgerschaft sowie den Stadtrat betreffen, war auch der Stadtrat in die Beratungen einzubeziehen.[109] Man sollte die Statutenanweisung wohl so verstehen, dass in einem solchen Fall sowohl die stimmberechtigten Universitätskonzilsmitglieder als auch die Herren des Rostocker Rates an den zur Erarbeitung eines Gesetzesentwurfs erforderlichen drei Beratungen gemeinsam teilnahmen und zusammen den Inhalt des erforderlichen neuen Statuts erarbeiteten.

Nachdem ein Gesetzesentwurf ausgearbeitet worden war, konnte und musste das neue Universitätsstatut verabschiedet werden. Diese Verabschiedung

---

[105] Statuten [nach 1433], XIX, 1 und 2, 132.
[106] Ebd., I, 5, 77f..
[107] Ebd.
[108] Ebd.
[109] Ebd., XX, 4, 133f.

war erforderlich, um der neuen Sollbestimmung Rechtskraft zu verleihen.[110] Um eine neue Festlegung verabschieden zu können, bedurfte es einer Stimmenmehrheit der Universitätskonzilsmitglieder. Waren beispielsweise 15 stimmberechtigte Gremiumsmitglieder bei der Verabschiedung des Gesetzesentwurfs zugegen, mussten zehn von ihnen die Annahme des Statuts mit ihrem Votum befürworten.[111] Waren zum Beispiel 16 oder 17 stimmberechtigte *membra consilii* bei der Verabschiedung anwesend, bedurfte es 12 die Annahme befürwortender *Vota*.[112] Diese eben angeführte Bestimmung galt es, sowohl für die zu verabschiedenden neuen Universitätsstatuten, deren Inhalt sich rein auf die Belange der Universität konzentrierte, als auch für die zu verabschiedenden neuen *statuta universitatis*, die sich inhaltlich mit den universitären und städtischen Angelegenheiten befassten, anzuwenden.[113]

Vorschriftsgemäß lag die Verabschiedung neuer Universitätsstatuten einzig und allein in den Händen der stimmberechtigten Universitätskonzilsmitglieder.[114]

Darüber hinaus ist darauf hinzuweisen, dass es – den ältesten Statuten – zufolge an der Universität Rostock die Möglichkeit gab, nach der Erarbeitung eines Gesetzesentwurfs und vor der Gesetzesverabschiedung das betreffende Statut bereits in einer Probezeit anzuwenden.[115] Diese durfte jedoch nicht länger als ein Jahr währen.[116] Auf diese Weise konnte die Praxistauglichkeit einer Festlegung genau getestet werden.

Nachdem die Statutenneufindung hinreichend behandelt worden ist, sollen Ausführungen bezüglich der Änderung von Universitätsstatuten folgen. Es ist an dieser Stelle nochmals daran zu erinnern, dass es an der Universität Rostock sogenannte abänderliche und unabänderliche Universitätsstatuten gab.[117] Ungeachtet dessen, ob *statuta universitatis* abänderlich oder unabänderlich waren, ob sie inhaltlich lediglich die Universität Rostock oder auch die Bürgerschaft und den Rat der Warnowstadt betrafen, waren, um sie zu ändern, wie bei der

---

[110] Ebd., I, 5, 77.

[111] Ebd.

[112] Ebd.

[113] Ebd.

[114] Ebd., I, 3 und 5, 77.

[115] Ebd., XIX, 1, 132.

[116] Ebd.

[117] *Michael*, Rechtsquellen, 98.

Statutenneufindung, drei voneinander unabhängige Beratungen nötig, in denen der Änderungsentwurf erarbeitet werden musste.[118]

Auch bei den Statutenänderungen hatten diese Beratungen in einem jeweiligen Zeitabstand von genau acht Tagen zu erfolgen.[119] An diesen drei Beratungen nahmen die stimmberechtigten Universitätskonzilsmitglieder teil, wenn das zu ändernde Universitätsstatut lediglich die Universität betreffende Inhalte enthielt. Beinhaltete das zu ändernde Universitätsstatut aber Bestimmungen, die sowohl die Universität als auch den Rat und die Bürgerschaft der Warnowstadt betrafen, bedurfte es des Rates der Universitätskonzilsmitglieder und des Stadtrates zu Rostock.[120] Es ist gemäß der Festlegung XX, 4 davon auszugehen, dass die stimmberechtigten Gremiumsmitglieder und die Ratsherren gemeinsam in den erforderlichen drei Beratungen den Änderungsentwurf erarbeiteten.[121]

Anschließend folgte, wie bei der Neufindung von Sollbestimmungen, das Annahmeverfahren, das erforderlich war, um der Statutenänderung die erforderliche Rechtskraft zu verleihen. Bei dem Annahmeverfahren eines geänderten sogenannten abänderlichen Universitätsstatuts reichte, wie bei der Statutenneufindung, die eindeutige Stimmenmehrheit der an der Abstimmung beteiligten, stimmberechtigten Konzilsmitglieder aus.[122] Die Beteiligung an der Abstimmung durch den Rat Rostocks bei abänderlichen Statuten, die sowohl die Universität als auch die Warnowstadt betrafen, wird statutarisch nicht gefordert.

Galt es an der Universität Rostock jedoch einen Änderungsentwurf eines sogenannten unabänderlichen Universitätsstatuts zu verabschieden, mussten alle anwesenden, stimmberechtigten Konzilsmitglieder sowie alle Bürgermeister mit ihrem Votum dem Änderungsentwurf zustimmen und der Statutenänderung somit Rechtsgültigkeit verleihen.[123] Es spielte dabei auch keine Rolle, ob der Inhalt des zu verabschiedenden Änderungsentwurfs sich nur auf Universitätsbelange oder auf universitäre und städtische Angelegenheiten bezog.[124]

---

[118] Statuten [nach 1433], I, 3 und 5, 77.

[119] Ebd.

[120] Ebd., XX, 4, 133f.

[121] Ebd.

[122] Ebd., I, 3, 77.

[123] Ebd.

[124] Ebd., I, 3 und 5, 77.

Es ist an dieser Stelle unabdingbar anzuführen, dass es den ältesten Statuten der *Alma Mater Rostochiensis* nach nur eine Neufindung, Änderung und Auslegung von Universitätsstatuten geben durfte, nachdem die Universitätskonzilsmitglieder vereidigt worden waren.[125] Es fehlt jegliche Anweisung, ob die gegebenenfalls hinzuzuziehenden Bürgermeister und Ratsherren ebenfalls vereidigt werden mussten. Es erscheint aber sinnvoll, dass die eben genannten Herren ebenfalls zu vereidigen waren, da sie als notwendige, stimmberechtigte Anwesende agieren mussten.[126]

Darüber hinaus ist zu fragen, was die an einer Neufindung oder an einer Änderung von Universitätsstatuten Beteiligten den ältesten Festlegungen zufolge jeweils zu beachten hatten. Diesbezüglich liefert das nachstehende Statutenzitat wichtige Informationen, denn es heißt:

„Wir wollen und beschließen darauf zu achten, dass […] keine neue Satzung an der Universität oder an einer der vier Fakultäten eingeführt und befolgt wird, die gegen ein Universitäts- oder Fakultätsstatut verstößt. Ebenso wenig darf eine neue Bestimmung, die einem Statut widerspricht oder irgendwann widersprechen könnte, Beachtung, Gültigkeit oder gar Anwendung finden."[127]

Ferner galt es, von den an der Erarbeitung eines Gesetzes- oder eines Änderungsentwurfs sowie an der Gesetzesverabschiedung jeweils Beteiligten zu berücksichtigen, dass der Inhalt eines Universitätsstatuts keinesfalls der Bürgerschaft und/oder dem Rat der Warnowstadt in irgendeiner Form zum Nachteil gereicht.[128] Eine genaue Kenntnis der bereits bestehenden Universitäts- und Fakultätsstatuten war folglich nicht nur von Vorteil, sondern zwingend notwendig, um die auf den vorangegangenen Zeilen dargestellten Aufgaben adäquat erfüllen zu können. Die an den Neufindungen und Änderungen von Universitätsstatuten beteiligten, stimmberechtigten Universitätskonzilsmitglieder wurden außerdem durch Statut I, 3 dazu aufgefordert, ihren eben angeführten Aufgaben gefühlsneutral nachzukommen.[129] Wenn diese eben genannten Kriterien bei der Neufindung und Änderung der Sollbestimmungen der Universität

---

[125] Ebd., I, 3, 77.

[126] Ebd., I, 3, 77; XX, 4, 133f.

[127] Ebd., XIX, 1, 132.

[128] Ebd., XIX, 2, 132.

[129] Ebd., I, 3, 77.

beachtet wurden, dann wurde der Forderung, „nach [bestem] Können und Wissen"[130] und zum Nutzen, zur Ehre und zum Wohlerhalt der Universität zu handeln, entsprochen.[131]

Zum Schluss dieses Abschnitts sei betont, dass, wie das Korpus der ältesten Statuten der *Alma Mater Rostochiensis* unschwer erkennen lässt, vom Recht, Universitätsstatuten auszuarbeiten und zu verabschieden, reger Gebrauch gemacht wurde. Dass Festlegungen geändert wurden, zeigen unter anderem die Universitätsgesetze der Jahre 1548 und 1563.[132]

Ausblick

Dieser Beitrag hat gezeigt, dass das Konzil der Universität Rostock auf eine fast 600-jährige Geschichte zurückblicken kann. Die vorliegende wissenschaftliche Auseinandersetzung mit den Festlegungen aus der Anfangszeit der *Universitas Rostochiensis* ist als Grundlage für die Studie, die sich mit den an dieser Bildungseinrichtung in den nachfolgenden Jahrhunderten zum Forschungsgegenstand *Konzil* erlassenen Bestimmungen befassen wird, zu verstehen. Doch dient dieser Forschungsbeitrag auch als Voraussetzung dafür, damit untersucht werden kann – vorausgesetzt, es sind entsprechende Quellen überliefert –, inwiefern dem Soll im Universitätsalltag entsprochen wurde.[133] Man sollte jedoch weiterhin darauf hinweisen, dass auch andere spätmittelalterliche und frühneuzeitliche Universitäten ein Universitätskonzil hatten. Dieser Fakt muss den Historiker zu komparatistischen Studien anspornen. Aufsätze wie dieser können für derartige Forschungsvorhaben von Belang sein.[134]

---

[130] Ebd.

[131] Ebd.

[132] *Michael*, Quellen, 144–191.

[133] Wie bereits oben angeführt, sind die Akten des Universitätskonzils ab dem Sommersemester des Jahres 1563 überliefert. Für derartige Forschungen sollte man beispielsweise auch die Universitätsmatrikel und den Professorenkatalog heranziehen.

[134] Für vergleichende Studien sind z. B. die Arbeiten von *Arno Seifert*, Statuten- und Verfassungsgeschichte der Universität Ingolstadt (1472–1586). Berlin 1971, 181ff. und *Hermann Weisert*, Die Verfassung der Universität Heidelberg. Überblick 1386–1952. Heidelberg 1974, 59ff. heranzuziehen.

Ernst Münch

Tycho de Brahe oder:
Das falsche Denkmal am richtigen Platz

Mein Beitrag muss für Tycho-de-Brahe-Fans mit einer Enttäuschung beginnen: Über den berühmten Dänen und den Verlust seiner Nasenspitze in Rostock wird man wohl keine neuen Erkenntnisse gewinnen können, falls nicht doch noch im Universitätsarchiv oder anderswo jene Unterlagen wieder auftauchen, von denen früher in der Literatur[1] die Rede war und die vermutlich seit dem Zweiten Weltkrieg vorerst als verschollen gelten müssen.

Meine Ausführungen knüpfen daher an das Denkmal an, das für den dänischen Astronomen und zeitweiligen Rostocker Studenten an der Südseite der Rostocker Volks- und Raiffeisenbank (Garbräterstraße/Ecke Buchbinderstraße) angebracht wurde.[2] Der Ort dieser Anbringung hat – hinter vorgehaltener Hand sei es gesagt – nicht so sehr mit einer konkreten historischen Überlieferung zu tun, sondern ist in erster Linie der Tatsache geschuldet, dass das genannte dort befindliche Geldinstitut als Sponsor für die Anfertigung des besagten Denkmals fungierte. Da jedoch der berühmte Streit, in welchem Tycho de Brahe (1546–1601) seine Nasenspitze einbüßte, sich vermutlich in der Nähe des Kirchhofes von St. Marien abspielte, ist der Ort des Denkmals nicht so völlig falsch gewählt.

Auf jeden Fall erinnert es – und damit komme ich zu meinem heutigen Gegenstand – an die enge Verbindung von Universitäts- und Stadtgeschichte Rostocks. Diese Verbindung lässt sich bekanntlich am deutlichsten fassen anhand der Biographien einzelner Menschen sowie an der Geschichte von Gebäuden. Noch heute wird dies in erster Linie am Universitätsplatz erkennbar, der bereits mit seinen wechselnden historischen Bezeichnungen (Markt der Neustadt, Neuer Markt, Hopfenmarkt, Lateinischer Markt, Blücherplatz, Universitätsplatz) Aspekte sowohl der Stadt- als auch der Universitätsgeschichte miteinander verknüpft.[3]

---

[1] *Gustav Kohfeldt*, Von akademischen Fecht- und Tanzmeistern des 17. und 18. Jahrhunderts. In: Beiträge zur Geschichte der Stadt Rostock 11, 1919, 68–73, hier 69.

[2] *Gisela Boeck u.a.*, Vom Collegium zum Campus. Orte Rostocker Universitäts- und Wissenschaftsgeschichte. 2. Aufl. Rostock 2010, 57–58.

[3] *Ernst Münch/Ralf Mulsow*, Das alte Rostock und seine Straßen. 2. Aufl. Rostock 2010, 29–32.

Doch auch jenes großes Brachfeld, das die Zerstörungen des Zweiten Weltkrieges und die bis in die jüngste Vergangenheit folgenden Abrissarbeiten der Nachkriegszeit zwischen der Straße Glatter Aal und der Rungestraße geschaffen haben, zeugt in seiner Vergangenheit von dieser Verknüpfung universitärer und städtischer Geschichte in Gestalt von Menschen und Gebäuden. Und daher ist das dortige Relief Tycho de Brahes ein – für sich genommen – zwar falsches Denkmal, jedoch am richtigen Platz.

An drei Tatsachen, Episoden oder Vorgängen aus dem 16. bis 19. Jahrhundert soll dies nachfolgend kurz erläutert werden. Sie sind keineswegs völlig willkürlich ausgewählt, sondern widerspiegeln über das Konkrete hinaus jeweils durchaus wichtige Abschnitte der Universitäts- sowie Spezifika der Rostocker Stadtgeschichte. In diesem Sinne enthalten sie auch eine Reverenz vor zwei vom Jubilar Kersten Krüger angestoßenen großen Projekten zur Rostocker Universitätsgeschichte, dem Professorenkatalog sowie dem Matrikelportal, zu denen sie zugleich einige konkrete Zuarbeiten leisten können.

Begonnen sei mit dem Gebäude selbst, an dem heute das Denkmal für Tycho de Brahe prangt und bei fast jeder Stadtführung Gelegenheit gibt, den mehr oder weniger aufmerksam lauschenden Rostock-Besuchern die schaurigschöne Geschichte vom Verlust der Nasenspitze und der an ihre Stelle tretenden Prothese möglichst plastisch zu schildern.

Seit dem Mittelalter und lange darüber hinaus gehörte der Vorgängerbau auf jenem Grundstück zu dem angrenzenden Eckhaus in der Kistenmacherstraße, das im Zweiten Weltkrieg zerstört wurde und auf dem sich heute ein Parkplatz für Mitarbeiter und Kunden der Volks- und Raiffeisenbank befindet. Mit einem prachtvollen Renaissancegiebel des 17. Jahrhunderts versehen, ist dieses Eckhaus (später u. a. als Margarinefabrik Hoyer) auf vielen Fotos festgehalten und in vielen Publikationen abgebildet worden.[4] Das kam nicht von ungefähr: Eckhäuser, in Rostock in der frühen Neuzeit Orthäuser genannt, zählten zu den am solidesten gebauten und architektonisch kostbarsten Gebäuden der Stadt, gehörten häufig der Oberschicht und bildeten mit den Nebengebäuden (zumeist sogenannten Buden) in den angrenzenden Nebenstraßen, in unserem Falle also der Garbräterstraße, und zahlreichen (Wohn)kellern unter ihnen oft einen grö-

---

[4] Etwa ebd., 71 und 129; *Wolfhard Eschenburg/Johannes Lachs* (Hrsg.), Rostock. Erinnerungen an eine alte Hafenstadt, photographiert von Karl Eschenburg. Rostock 1995, 25; *Hans-Werner Bohl/Karsten Schröder*, Rostock. Ein verlorenes Stadtbild. Gudensberg-Gleichen 1993, 30 und 34; *Adolf Friedrich Lorenz*, Die alte bürgerliche Baukunst in Rostock. Rostock 1914 (Reprint Rostock 1991), Abb. 88.

ßeren Gebäudekomplex. Für das besagte Eckhaus in der Kistenmacherstraße reichte dieser vielteilige Gebäudekomplex bis ins 17. Jahrhundert nicht nur in die Garbräterstraße, sondern bis in die angrenzende Buchbinderstraße, umfasste also auch noch das heutige Gebäude der Volks- und Raiffeisenbank.[5] Man geht nicht fehl in der Annahme, dass ein solch umfänglicher Grundbesitz auch sozialgeschichtlich hinsichtlich seiner jeweiligen Eigentümer im betuchten Milieu anzusiedeln war. Seit dem Mittelalter sind unter ihnen mehrere Ratsherren zu finden. Universitätsgeschichtlich höchst interessant wird es aber in der zweiten Hälfte des 16. Jahrhunderts. Damals gehörte die große Immobilie niemand anderem als David Chytraeus (1531–1600), einem der bedeutendsten und einflussreichsten Gelehrten der Rostocker Universitätsgeschichte überhaupt.[6] Bislang waren für ihn hauptsächlich in seinen späteren Jahren das Haus des Ersten Theologen zwischen den Regentien an der Südseite des Hopfenmarktes bekannt (heute Teil der Baulücke zwischen Palais und Neuer Wache), worauf auch Vicke Schorler (ca. 1560–1625) in seiner Bildrolle ausdrücklich verwies,[7] sowie sein etwas weiter östlich gelegenes Sterbehaus ebenfalls an der Südseite des Hopfenmarktes (heute Teil der Fassade des „Rostocker Hofes").[8]

Für den in diesem Beitrag behandelten Gebäudekomplex an der Ecke Kistenmacherstraße/Garbräterstraße/Buchbinderstraße (damals Malerstraße) ist David Chytraeus seit 1556 bezeugt.[9] Offenbar konnte er sich nach seiner Ankunft in Rostock 1551 und seiner ersten Heirat mit der Rostocker er[10]tochter Margarete Smedes (1531–1571) – heute würden wir sagen Schmidt – 1553 rasch ins gemachte Nest setzen: Den ursprünglich aus Wismar stammenden Smedes gehörte dieser Besitz, der nun durch die Ehe Chytraeus als Brautschatz zuteil wurde, bereits zuvor seit zwei Generationen. Diesen Braut-

---

[5] Für die Situation um 1600 siehe: *Ernst Münch* (Hrsg.), Das Rostocker Grundregister (1600–1820), Teil 2. Rostock 1998, 573–574 und 580–581.

[6] *Rudolf Keller*, David Chytraeus. In: Sabine Pettke (Hrsg.), Biographisches Lexikon für Mecklenburg, Bd. 3. Rostock 2001, 36–42.

[7] *Vicke Schorler*, Warhaftige Abcontrafactur der Hochloblichen und Weitberumten Alten See- und Hensestadt Rostock, Heubtstadt im Lande zu Meckelnburg 1578–1586. Rostock 1939, 27; *Horst Witt* (Hrsg.), Die Wahrhaftige „Abcontrafactur" der See- und Hansestadt Rostock des Krämers Vicke Schorler. Rostock 1989, 63 und 121.

[8] Das Rostocker Grundregister (Anm. 5), Teil 1. Rostock 1998, 22.

[9] Archiv der Hansestadt Rostock (AHR), 1.1.3.1.53 Mittelstädter Hausbuch, Bd. 2, fol. 27b (zu 1556).

[10] *Keller*, David Chytraeus (Anm. 6), 36.

schatz bestätigte u.a. auch Simon Pauli d. Ä. (1534–1591), wie Chytraeus Theologieprofessor in Rostock und ebenfalls Gatte einer Smedestochter.[11] Hier scheint schon der Charakter Rostocks als „Familienuniversität" auf.[12] In Chytraeus Händen befand sich dieser Gebäudekomplex auch noch, als der Gelehrte in den 1560er Jahren maßgeblich an der Neuordnung der Universität beteiligt war, die ihr sogenanntes Goldenes Zeitalter einläutete.[13] In jenen Jahren weilte bekanntlich auch Tycho de Brahe in Rostock.[14] Im Todesjahr von Chytraeus erster Frau, Margarete Smedes, verkaufte der Theologe dann 1571 diesen Besitz an einen Kollegen aus der Juristischen Fakultät, Bartholomäus Cling (1535–1610), damals Lizenziat und später Doktor der Rechte.[15] Er sollte nicht der letzte Jurist in diesem Hause bleiben. Offenbar zählten schon damals die Rechtsgelehrten wenn nicht zu den Klügsten, dann doch jedenfalls zu den Reichsten in Rostock.

Die zweite Episode im Umfeld des Denkmals für Tycho de Brahe datiert mehr als zwei Jahrhunderte später, gegen Ende des 18. Jahrhunderts. Damals war das u.a. mit David Chytraeus beginnende „Goldene Zeitalter" der Rostocker Universität schon lange zu Ende. Nicht zum ersten und nicht zum letzten Male in ihrer Geschichte stand sie nun vielmehr am Abgrund eines möglichen Untergangs. Fast dreißig Jahre hatte sie sich der herzoglichen Gegengründung in Bützow zu erwehren gehabt, bis 1788 durch den Kompromiss zwischen dem neuen Herzog und der Stadt Rostock das Aus für Bützow beschlossen wurde.[16] Als im Zuge der Reorganisation der Universität und von Renovierungen im „Weißen Kollegium" am Hopfenmarkt im Jahre 1789 das Universitätsarchiv ausgelagert werden sollte, fand Letzteres zeitweilige Unterkunft im Hause des Mietkutschers Töppel, wie Angela Hartwig bei ihren Recherchen für ihre Dissertation zur Geschichte des Universitätsarchivs feststel-

---

[11] AHR, 1.1.3.1.53 (wie Anm. 9), fol. 40a (zu 1561); *Thomas Kaufmann*, Simon Pauli. In: Sabine Pettke (Hrsg.), Biographisches Lexikon, Bd. 16. Rostock 1995, 175–180.

[12] Bekanntlich waren z. B. auch David Chytraeus' Bruder Nathan sowie Davids Schwiegersohn Johannes Freder(us) Professoren in Rostock, siehe *Thomas Elsmann*, Nathan Chytraeus. In: ebd., Bd. 2. Rostock 1999, 69–81; *Keller*, David Chytraeus (Anm. 6), 36.

[13] *Matthias Asche*, Von der reichen hansischen Bürgeruniversität zur armen mecklenburgischen Landeshochschule. 2. Aufl. Stuttgart 2010, 56–63.

[14] *Boeck*, Collegium (Anm. 2), 58.

[15] AHR, 1.1.3.53 (Anm. 9), fol. 80b (zu 1571).

[16] *Asche*, Bürgeruniversität (Anm. 13), 77–79.

len konnte.[17] Die Töppels waren aber in jenen Jahrzehnten mit mehreren Familienangehörigen als Miet- bzw. Hauskutscher in Rostocks Mauern präsent,[18] sodass im Nachhinein auf den ersten Blick nicht unbedingt klar wird, welches Gebäude als vorübergehendes Domizil des Universitätsarchivs gemeint war. Ein Indiz führt zur präzisen Bestimmung dieses Gebäudes: So kam dem Juraprofessor Johann Christian Eschenbach (1746–1823) maßgeblicher Anteil bei der Suche eines Ausweichquartiers für das Universitätsarchiv zu.[19] Das gilt für das Haus des Mietkutschers Joachim Nicolaus Töppel auf der Südseite der Garbräterstraße mit einem Torweg in die Michaelisstraße. Eschenbach kannte dieses Gebäude offenbar schon vorher, weil er bei dessen Erwerb durch Töppel als Jurist mitgewirkt hatte.[20] Abgebrochen und dann neu errichtet wurde 1799 der seit dem 15. Jahrhundert bezeugte Schütting (oder die Herberge) zunächst der Krämer, seit dem 16. Jahrhundert der Pantoffelmacher.[21] Dieser war mit dem Töppelschen Haus offenbar so symbiotisch verbunden, dass auf der Stadtkarte des Heilig-Geist-Hospital-Meisters Julius Michael Tarnow (1725–1813) von ca. 1780/90 nur das Grundstück der Pantoffelmacher und vom Töppelschen Besitz lediglich der Torweg zur Michaelisstraße eingezeichnet wurde.[22] Das Töppelsche Haus hatte überdies nicht nur durch die zeitweilige Bereitstellung eines Zimmers als Übergangsquartier für das Universitätsarchiv eine Verbindung zur Universität, sondern auch durch die Bereitstellung von Pferdeschlitten für die unter Studenten beliebten winterlichen Schlittenfahrten. Darauf wird in der nächsten Episode noch zurückzukommen sein.

Die Schüttinge, Herbergen oder Gelage der Rostocker Ämter (d. h. Handwerkszünfte) oder Kaufleute, Fernhändler und ihrer Fahrergemeinschaften waren seit dem späten Mittelalter nicht nur oder gar ausschließlich Gesellschaftshäuser der jeweiligen Zunft oder Gemeinschaft, sondern auch zunehmend beliebte Gasthäuser für andere Rostocker Bürger, Einwohner und nicht

---

[17] *Angela Hartwig*, Das Gedächtnis der Universität. Das Universitätsarchiv Rostock von 1870 bis 1990. Rostock 2010, 44.

[18] Das Rostocker Grundregister (Anm. 5), Teil 1, 118, Teil 2, 569 und 573.

[19] *Hartwig*, Gedächtnis (Anm. 17), 44; *Niklot Klüßendorf*, Johann Christian Eschenbach. In: Biographisches Lexikon (Anm. 6), 73–76.

[20] AHR, 1.1.3.1.56 Mittelstädter Hausbuch, Bd. 5 (1740–1800) (zum 7. Februar 1788).

[21] Ebd. (zum 20. April 1799).

[22] *Gustav Kohfeldt* (Hrsg.), Rostock im Jahrzehnt 1780/90. Stadtkarte des Hospitalmeister J. M. Tarnow. Rostock 1918.

zuletzt auch die Studierenden. Neben Alkohol konnte man dort auch Musik und Tanz genießen. Es war und ist dies eine Mischung, die damals wie heute durchaus auch unerfreuliche Resultate zu zeitigen vermag. Der spätere Schütting der Krämer bzw. der Pantoffelmacher war bereits im 14. Jahrhundert eine Gaststätte, *taberna rubea*, also rote Taberne benannt, aus welchen Gründen auch immer.

Dieser Schütting der Pantoffelmacher, wie bereits gesagt, 1799 abgerissen und neu erbaut, bildete den Ausgangspunkt der dritten Episode eng verknüpfter Universitäts- und Stadtgeschichte, die ich heute behandeln möchte.

Wir bleiben noch immer in der Garbräterstraße/Ecke Buchbinderstraße und gehen nur einige Jahre weiter in das Jahr 1823. Die Universität hatte wenige Jahre zuvor des 400. Jahrestages ihrer Gründung gedacht, doch war es um sie nicht sonderlich zum Guten bestellt. Mehrfach schwebte das Damoklesschwert des deutschlandweiten Universitätssterbens auch über ihr. Die Immatrikulations- und Studierendenzahlen erreichten beängstigende Tiefpunkte, Landesherr – seit 1815 als Großherzog Königliche Hoheit – und Stadt wachten weiterhin argwöhnisch über ihre Rechte an der Universität, ihre Gebäude verfielen, das Auditorium auf dem Hopfenmarkt war im Jubiläumsjahr sogar abgerissen worden.[23] Politisch wich die nationale und freiheitliche Begeisterung als Antwort auf die „Franzosenzeit" rasch der Ernüchterung über die Ergebnisse des Wiener Kongresses. Nach den Karlsbader Beschlüssen der Heiligen Allianz verfolgte man verstärkt Burschenschaftler und „Demagogen".

In dieser Situation eskalierte in den Abendstunden des 9. Februar 1823 ein Streit, in den – wie immer wieder seit damals schon mehr als 400 Jahren[24] – maßgeblich Studierende der Universität verwickelt waren. Der Kreis ihrer potentiellen Kontrahenten – und das machte außer den politischen Rahmenbedingungen der Restaurationszeit die besondere Brisanz dieses Streits aus – hatte sich vergrößert, seitdem Rostock nach dem Platzen seiner mehr oder weniger geheimen Träume von reichsstädtischer Freiheit eine Garnison des Landesherrn aufnehmen musste. Nunmehr gerieten die Studierenden immer

---

[23] *Ernst Münch*, Der Stadt zur Zierde und dem Landesherrn zur Ehre. Zur Entstehung des Hauptgebäudes und zum Beziehungsgeflecht der Universität Rostock im 19. Jahrhundert. In: Wolfgang Schareck/Andrea Bärnreuther (Hrsg.), Zur Wiedereröffnung des Hauptgebäudes der Universität Rostock. Petersberg 2013, 29–49, hier 29.

[24] *Ernst Münch*, Eine studentische Parodie auf den 2. Psalm aus dem Jahre 1610. Zu den Streitigkeiten zwischen Studenten und Rostocker Bürgern in der Frühen Neuzeit. In: Beiträge zur Geschichte der Stadt Rostock 25, 2002, 221–251.

wieder nicht nur mehr mit Matrosen, Lehrjungen und anderen vornehmlich jüngeren Rostocker Einwohnern sowie der Polizeiwache und Bürgern handgreiflich aneinander, sondern gerade auch mit den gemeinen Soldaten der Rostocker Garnison.

So auch am 9. Februar 1823[25] abends zwischen neun und zehn Uhr vor dem Pantoffelmacher-Schütting an der Ecke Garbräterstraße/Michaelisstraße (heute Buchbinderstraße), in dem sich laut Aussage der dort aufspielenden Musiker etwa zehn bis zwölf Soldaten auf dem Tanzsaal befanden.[26] Das war ihnen eigentlich nach dem Zapfenstreich untersagt. Wie so oft auch in anderen Fällen ließ sich später nicht mehr zweifelsfrei eruieren, ob die Soldaten oder die Studierenden, zunächst etwa fünf bis sechs vor der Tür des Schüttings an der Zahl, verbal oder handgreiflich den Anfang gemacht hatten. Zunächst gewannen die Studenten die Oberhand und die Soldaten zogen sich in den Schütting zurück. Doch, u. a. durch das Pfeifen der Nachtwächter alarmiert, nahte aus der Straße Glatter Aal eine Polizeiwache mit zehn Mann, bekleidet mit jenen roten Röcken, die wegen der Farbe diesen Rostocker Stadtpolizisten den auch noch zu Fritz Reuters (1810–1874) Rostocker Studienzeiten geläufigen Spottnamen „Krebse" eintrugen.[27] Etwas später stießen auch zwei Militärpatrouillen von je vier Mann dazu. Als Waffen kamen nicht nur Säbel, Rapiere und Gewehrkolben zum Einsatz, sondern auch Knüppel, Mistforke, Steine, Schneebälle, Eisstücke, Flaschen, Stuhlbeine und Tischplatten sowie – da die Soldaten im Pantoffelmacherschütting außerhalb ihrer Dienstzeit unbewaffnet waren – nicht zuletzt auch die bloßen Hände und Fäuste. Gegen die wachsende Zahl des Militärs und der Polizei ergriffen die Studierenden, die Unterstützung durch

---

[25] Die folgende Darstellung der Vorgänge am 9. Februar 1823 erfolgt hauptsächlich auf folgender Quellengrundlage: AHR, 1.1.3.14.190 Untersuchungen von Studentenübergriffen bzw. Zwischenfällen durch das Concilium mixtum 1823 (Protokolle); Universitätsarchiv Rostock (UAR), R V C 41 Verrufserklärung gegen die Universität durch eine Studentenversammlung in Bützow 1823. Auf letztere Quelle ging erstmals näher ein *Angela Hartwig*, Georg Christian Friedrich Lisch und die Universität Rostock. In: Beiträge zur Geschichte der Stadt Rostock 25, 2002, 252–266, hier 258–260; Zu den Vorgängen im Februar/März 1823 auch *Volker Höffer*, „...so arbeitet der Despotismus an seinem eigenen Sturz". Ein Beitrag zum Höhepunkt burschenschaftlicher Aktivitäten in Rostock im Februar/März 1823. In: Beiträge zur Geschichte der Wilhelm-Pieck-Universität Rostock, 14, 1990, 33–40.

[26] AHR, 1.1.3.14.190, Aussage der Musikanten Johann Dober und Daniel Behrens (7. März 1823).

[27] *Fritz Reuter*, De meckelnbörgschen Montecchi un Capuletti oder De Reis' nah Konstantinopel. In: Derselbe, Gesammelte Werke und Briefe, Bd. 4. 2. Aufl. Rostock 1995, 252.

weitere Kommilitonen erhielten, die u. a. mit einem Pferdeschlitten herbeigeeilt waren, die Flucht und verschanzten sich im nahe gelegenen Haus des Gastwirts David Walsmann[28] auf der gegenüberliegenden Seite der Michaelisstraße neben dem Doberaner Hof[29], dem ehemaligen Stadthof der Doberaner Mönche in Rostock, dessen Hof damals als akademische Reitbahn genutzt wurde. Auch das Walsmannsche Gasthaus war ein beliebter Aufenthaltsort der Studierenden. Sie unterhielten dort sehr zum Ärger der Obrigkeiten einen illegalen Fechtboden, auf dem der „Unfug des Winkel-Fechtens" stattfand.[30] Da den Soldaten der Weg durch die Haustür verwehrt blieb, zerschlugen sie schließlich die Fensterscheiben und stiegen auf diesem Wege in das Haus ein. Dort demolierten sie die Einrichtung mehrerer Zimmer, während sich die etwa ein Dutzend Studierenden in die Küche sowie die oberen Etagen zurückzogen oder über den Hof des Hauses flüchteten. Die Polizeiwache sah diesem Treiben laut Aussage mehrerer Rostocker Bürger tatenlos zu. Erst das Erscheinen und Eingreifen von Offizieren, u. a. einem Bruder des Gastwirts Walsmann, beendete für diesen Abend die außer Kontrolle geratenen Aktionen. Einige Soldaten wurden sofort verhaftet. Außer etlichen mehr oder weniger schwer Verletzten auf beiden Seiten hatte hauptsächlich der Gastwirt Walsmann den Schaden zu tragen, den er auf 360 Reichstaler taxierte.[31] Auch die sprichwörtlichen silbernen Löffel durften dabei nicht fehlen: Ein Soldat hatte zwei davon „mitgehen" lassen. Sie wurden später ordnungsgemäß an den Gastwirt Walsmann zurückgegeben. Glimpflicher war der Wirt des Pantoffelmacherschüttings weggekommen. Aus seinem Holzstall war lediglich eine Mistforke von einem Soldaten in Ermangelung einer Waffe entwendet worden. Auch sie kehrte später wohlbehalten an ihren Eigentümer zurück.

Wenn sich jedoch die unterschiedlichen Obrigkeiten in der Sicherheit gewiegt haben sollten, dass angesichts der relativ geringfügigen Schäden die Sache bald abgetan und einer ruhigen gerichtlichen Untersuchung zugeführt werden konnte, wurden sie alsbald eines Besseren belehrt. Die Gemüter blieben erhitzt und bis Ende Februar kam es immer wieder zu einzelnen verbalen

---

[28] *Matthias Manke* (Hrsg.), „... dass alle Welt geschätzt würde." Die Einwohner der Stadt Rostock nach der Volkszählung von 1819. Rostock 2005, 93.

[29] Das Rostocker Grundregister (Anm. 5), Teil 4, 5; *Boeck*, Collegium (Anm. 2), 58–60.

[30] AHR, 1.1.3.14.189 Delikte und Zwischenfälle mit Studenten (Rostock, Rektor und Konzil an Bürgermeister und Rat, 14. April 1820).

[31] Ebd., 1.1.3.14.188 Untersuchungen von Vorfällen mit Studenten 1809–1825 (Schadensrechnung vom 15. Februar 1823).

und tätlichen Auseinandersetzungen zwischen den beiden Streitparteien. Die Studierenden, die sich als Angegriffene fühlten, denen weder durch die Universität noch die Stadt und schon gar nicht durch die Garnisonsleitung genügend Schutz gewährleistet wurde, griffen daher zu einem aufsehenerregenden Mittel. Sie verließen wenige Tage später am 13. Februar bis auf einige Kranke fast ausnahmslos Rostock – selbst unser späterer mecklenburgischer National- oder besser Regionalheiliger und Rostocker Ehrendoktor Georg Christian Friedrich Lisch (1801–1883) war dabei[32] – und zogen nach Bützow. Es war dies nach 1437, 1487, 1760 und 1794 sozusagen der fünfte Auszug in der Geschichte der Rostocker Universität, wie 1794[33] allerdings nur der Studierenden. In einem Schreiben aus Bützow vom 16. Februar rechtfertigten sie diesen Schritt, den sie bereits am 12. Februar schriftlich angekündigt hatten, gegenüber Rektor und Konzil und erbaten den Rat des Lehrkörpers.[34] Rektor und Konzil hatten ebenfalls bereits am 12. Februar beim Großherzog Friedrich Franz I. (1756–1837) um Schutz für die Studierende gegen die Übergriffe des Militärs gebeten.[35] Auf Anregung des damaligen Vizedirektors der Rostocker Justizkanzlei Karl Friedrich von Both (1789–1875) reiste Rektor Johann Friedrich Pries (1776–1823) mit ihm nach Bützow und redete an zwei Tagen den Studierenden ins Gewissen, nach Rostock zurückzukehren, um ihr Studium wieder aufzunehmen und um als Zeugen in dem inzwischen angeordneten *Concilium mixtum*, einer gemeinsamen gerichtlichen Untersuchung durch Universität, Stadt und Militär gemäß dem Rostocker Erbvertrag von 1788 auftreten zu können.[36] Das Verhältnis zwischen Rektor und Studenten war zwar grundsätzlich positiv. Letztere hatten ihm erst wenige Tage zuvor nach dem Brand seiner Wohnung durch eine Geldsammlung Unterstützung zukommen lassen.[37] Nunmehr reichten ihre weitgehenden Forderungen jedoch bis hin zum völligen Abzug der Garnison aus Rostock. Daher bedurfte es erst der Drohung durch

---

[32] *Andreas Röpcke* (Hrsg.), „Ich, Georg Christian Friedrich Lisch". Eigenhändige Lebenschronik. In: Mecklenburgische Jahrbücher 116, 2001, 273–290, hier 274.

[33] *Asche*, Bürgeruniversität (Anm. 13), 79.

[34] UAR, R V C 41 (Anm. 25) (Bützow, Studenten an Rektor und Konzil, 16. Februar 1823).

[35] Ebd. (Rostock, Rektor und Konzil an Großherzog, 12. Februar 1823).

[36] Ebd. (Rostock, Rektor, Fernere Anlagen der Missive die Abreise der Studirenden nach Bützow betreffend, 25. Februar 1823).

[37] *Rektor der Universität Rostock* (Hrsg.), Mögen viele Lehrmeinungen um die Wahrheit ringen. 575 Jahre Universität Rostock. Rostock 1994, 335.

den Großherzog, keinen der sich in Bützow aufhaltenden Studierenden zukünftig in seinem Land anzustellen, falls sie nicht binnen drei Tagen nach Rostock zurückkehren würden, um diese Rückkehr Anfang März 1823 zu bewirken.[38]

Dennoch erhielt der Auszug nach Bützow alsbald eine viel größere Brisanz. Durch Denunziation – später wurde Friedrich Lisch der Denunziation bezichtigt, wogegen er allerdings förmlich und schriftlich protestierte[39] – erfuhr der Rektor am 7. März, dass es in Bützow zuletzt zu einer Verrufserklärung von Studierenden, etwa 30 an der Zahl, gegen die Universität Rostock gekommen wäre: Diese hätten sich dort in einer Versammlung verpflichtet, zwar zunächst nach Rostock zurückzukehren, doch zum Semesterwechsel Ostern 1823 die Universität auf immer zu verlassen.[40]

Nunmehr schlug die Haltung des Lehrkörpers um, der bis dahin das studentische Verhalten in den Auseinandersetzungen mit dem Militär bis zum Auszug nach Bützow sehr wohlwollend betrachtet hatte. Das Engere Konzil begann sofort am 8. März mit der Untersuchung des Verrufs parallel zu dem *Concilium mixtum* aus Universität, Stadt und Militär, das Ende Februar seine Tätigkeit aufgenommen hatte. Es setzte sich aus Professoren des Konzils, Senatoren des Rostocker Rates sowie seitens des Militärs aus dem Major Louis Friedrich Heinrich du Trossel (1785–1871) zusammen, Flügeladjutant des Großherzogs und zugleich Ehemann einer von dessen zahlreichen außerehelichen Töchter[41], der extra nach Rostock beordert worden war. Das wurmte den dortigen Stadtkommandanten Oberst Wilhelm Karl Friedrich von Below (1762–1834), der – ebenso wie der Rektor – durch die Aufregung seit dem 9. Februar auch gesundheitlich angeschlagen war.[42] Noch einmal rückte nunmehr wegen der studentischen Verrufserklärung das Haus des Gastwirts Walsmann in der Michaelisstraße in den Mittelpunkt der Aufmerksamkeit. Danach wäre dort nach der

---

[38] AHR, 1.1.3.14.188 (Anm. 31) (Bützow, Studierende der Universität Rostock an Bürgermeister und Rat, 3. März 1823).

[39] UAR, R V C 41 (Anm. 25) (Rostock, Georg Christian Friedrich Lisch an Rektor und Konzil, 15. Mai 1823).

[40] Ebd. (Rostock, Protokoll des Konzils, 8. März 1823).

[41] *Corinna Schulz*, Von Bastarden und natürlichen Kindern. Der illegitime Nachwuchs der mecklenburgischen Herzöge 1600–1830, Köln (im Druck).

[42] AHR, 1.1.3.188 (Anm. 31) (Rostock, Notiz des Ratssekretärs J.F. Haevernick, 20. Februar 1823); UAR, R V C 41 (Anm. 25) (Rostock, Zwey und achtzigste Missive betr. die Verrufserklärung einer Studentenparthey wider die hiesige Akademie, Notiz des Rektors Johann Friedrich Pries, 15. März 1823).

Rückkehr der Studierenden aus Bützow am 8. März in einer Versammlung der Bützower Verruf zwar formal widerrufen worden, allerdings mit der Ergänzung, dass man diejenigen Studierenden, die nach Ostern an der Rostocker Universität verbleiben würden, fürderhin als ehrlos betrachten und behandeln wollte. Das wurde durch die Obrigkeit wohl nicht zu Unrecht als zweiter Verruf interpretiert. Im Verlaufe der Untersuchungen stellte sich heraus, dass auch die weiße Kokarde als Ehrenzeichen an den Kopfbedeckungen der Rostocker Studenten bei der Rückkehr aus Bützow beim Dorf Grenz und nochmals auf dem Neuen Markt demonstrativ abgerissen und mit einem *pereat* förmlich in einen Verruf gebracht worden war. Dies erfuhr zu seinem Leidwesen wiederum u. a. Friedrich Lisch, der am Bützower Verruf nicht teilgenommen hatte, weiterhin seine weiße Kokarde trug und seine Studien in Rostock fortsetzte. Ihm wurde deshalb durch seine studentischen Gegner nachts vor seiner Studentenwohnung in der Eselföter Straße demonstrativ ein *pereat* zu Gehör gebracht. Auf einem Gang zu Professor Franz Christian Lorenz Karsten (1751–1829) und dessen Wohnung auf dem Neuen Werder vor dem Kröpeliner Tor beschimpften Lisch mehrere Studierende als „Schisser" bzw. genauer als „Kokardenschisser" und drohten ihm Prügel an.[43] Dieses grobe Schimpfwort erhärtete den Verdacht einer tatsächlichen Verrufserklärung durch die Studierenden, da der Begriff „Verruf" im damaligen Sprachgebrauch lediglich ein Synonym für den drastischen Begriff „Verschiss" darstellte. Nunmehr bröckelte auch die Front der Studierenden: Hatte den Auszug nach Bützow noch ihre große Mehrheit mitgemacht, konnten sich etliche von ihnen nicht dazu verstehen, ihr Studium in Rostock abzubrechen. Ihr Argument, dass es ihnen u. a. aus materiellen Gründen nicht möglich wäre, außerhalb Mecklenburgs zu studieren, quittierten ihre aufrührerischen Kommilitonen mit der spöttischen Aufforderung, sie sollten dann doch lieber ein Handwerk erlernen.

Die Untersuchung der Vorgänge seit dem 9. Februar und namentlich der beiden Verrufserklärungen wurden im Februar, März und April 1823 durch mehrere Gerichtsinstanzen forciert, weil man von Seiten der Obrigkeiten eine Ausstrahlung befürchtete und daher möglichst einzudämmen suchte. Seitens der Universität sorgte man sich um das Ansehen der Einrichtung generell und insbesondere um das Ausbleiben von neuen Studierenden, wie Anfragen bei den höheren Schulen etwa in Rostock selbst, Güstrow und Wismar zeigten. Ein studentischer Brief von Rostock nach Halle brachte das preußische Innenminis-

---

[43] UAR, R V C 41 (Anm. 25) (Rostock, Protokoll, Aussage stud. theol. Georg Christian Friedrich Lisch aus Güstrow, 18. März 1823).

terium und die dortige Polizei auf den Plan, die das neue Aufkommen verbotener studentischer Verbindungen argwöhnten.

So kam es, dass nicht nur Angehörige des Militärs wegen ihrer Ausschreitungen im Walsmannschen Hause, der Stadtpolizei wegen ihres Nichteinschreitens sowie nicht nur studentische Aktivisten der Schlägerei, sondern auch die sieben studentischen Rädelsführer der Verrufserklärungen Strafen erhielten.[44] Letztere befanden sich unter Hausarrest gestellt bzw. im Karzer der Universität. Als endgültige Urteile verwies man sie befristet, zeitlich gestaffelt der Universität. Hierbei sprach sich eine größere Zahl der Konzilsmitglieder für mildere Urteile aus. Auch der Großherzog beschied eines von zwei studentischen Begnadigungsgesuchen positiv.[45]

Das über die Unruhen am 9. Februar und der folgenden Tage beratende Concilium mixtum seinerseits fällte Urteilssprüche über immerhin 57 Personen, nämlich 30 Militärangehörige, einen Polizeiwachtmeister, 22 Studierende und vier zivile Rostocker Einwohner bzw. Bürger.[46] Diese Zahlen sind doch einigermaßen erheblich, wenn man berücksichtigt, dass wir damals von einer faktischen (wegen Beurlaubungen etc. nicht nominellen) Garnisonsstärke von weniger als 300 Mann[47] und etwas über 70 Studierenden[48] insgesamt ausgehen müssen. Auch die Zahl der knapp 60 Urteile nimmt sich gegenüber den knapp 250 Urteilen in der berühmt-berüchtigten Rostocker „Butterrevolution" des Jahres 1800 mit ihren erheblich größeren Gesamtdimensionen nicht gerade unbedeutend aus.[49] Die Masse der Urteile lief für die Militärangehörigen auf mehrere Wochen verschärften Arrest, für die Studierenden auf mehrwöchige

---

[44] UAR, R V C 41 (Anm. 25) (Rostock, Urteil Rektor und Konzil gegen die Studenten stud. theol. Franz Passow, stud. jur. Friedrich Karl Rudolph Strecker, stud. jur. Johann Hermann Gottlieb Dölle, stud. jur. Adolph Julius Heinrich Ludwig Seitz, stud. theol. Johann Friedrich Wilhelm Malzahn, stud. theol. Johann Joachim Christian Friedrich Braasch und stud. theol. Heinrich Wilhelm Amboss, 17. Mai 1823).

[45] UAR, R V C 41 (Anm. 25) (Rostock, Mitteilung Rektor und Konzil an die Studenten Strecker und Seitz, 13. Juni 1823).

[46] AHR, 1.1.3.14.188 (Anm. 31) (Schwerin, 10. Mai 1823). Dort auch die nachfolgend genannten Strafen.

[47] *Klaus-Ulrich Keubke/Ralf Mumm*, Mecklenburgische Militärgeschichte (1701–1918). Schwerin 2000, 50.

[48] Mögen viele Lehrmeinungen (Anm. 37), 22.

[49] *Tilo Propp*, Der Rostocker „Butterkrieg". Kollektives Handeln im Tumult vom 29./30. Oktober 1800. Rostock 2000.

Karzerhaft hinaus. Die erste Strafe, sechs Wochen Arrest, erhielt auf Seiten des Militärs jener Sergeant Rhode, der den Sturm auf das Walsmannsche Haus befohlen hatte. Hierin sah das Gericht das eigentliche Vergehen des Militärs. Eine noch härtere Strafe, drei Monate Festungshaft, musste jedoch der Gefreite Steu hinnehmen, da er seinen Posten während des Tumults verlassen hatte, um sich Instruktionen vom Stadtkommandanten zu holen. Das Strafwürdige der Studierenden am 9. Februar wurde hauptsächlich darin gesehen, die Schlägerei wenn nicht begonnen, dann doch auf jeden Fall provoziert zu haben. Daher sprach das Gericht als schärfste Strafe dem Studenten Strecker gegenüber als „Hauptheilnehmer" die Relegation von der Universität aus.

Vergleicht man die Urteile gegen Studierende wegen der Schlägerei mit denen wegen des Verrufs, so fällt erstens auf, dass Letzterer zumindest für die Rädelsführer wesentlich härter geahndet wurde, nämlich mit wenigstens zeitweiliger Verweisung von der Universität. Zweitens wird deutlich, dass die Aktivisten der handgreiflichen Auseinandersetzungen nicht unbedingt identisch waren mit den Studierenden, die später das Wort während des Auszugs nach Bützow führten. Es ist dies auch in anderen Unruhen, bis hin zu Revolutionen, immer wieder zu beobachten. Um es einmal andersherum zu formulieren: Die späteren Wortführer solcher Bewegungen waren nicht unbedingt auch Aktivisten der ersten bzw. der gefährlichsten Stunden. Das galt offenbar für Personen und Persönlichkeiten spätestens seit der Französischen Revolution von 1789 bis hin zur Wende oder der friedlichen Revolution von 1989. Doch das wäre schon wieder ein anderes Thema.

Kehren wir abschließend nochmals zu Tycho de Brahe und seinem Relief in der Garbräterstraße zurück: Zwar steht für den Astronomen selbst die Berechtigung, genau an jenem Ort seiner zu erinnern, historisch auf einigermaßen wackligen Füßen, doch als Erinnerung an eine durchaus denkwürdige Stätte eng verknüpfter Rostocker Universitäts- und Stadtgeschichte hat es allemal seine Berechtigung und in dieser Hinsicht zumindest indirekt auch eine Beziehung zu dem berühmten Dänen: Und das betrifft sowohl den Zeitraum, nämlich die Jahre seit dem Aufenthalt Tychos in Rostock, den Ort des Denkmals und seine unmittelbare Umgebung, nämlich die Häuser des David Chytraeus bzw. des Mietkutschers Töppel sowie die Gasthäuser im Pantoffelmacherschütting und des Gastwirts David Walsmann neben dem Doberaner Hof, als auch die Art des Austragens studentischer Querelen mit Hieb- und Stichwaffen.

Ob letztere Aktionen, der blutige Streit des Tycho de Brahe einerseits und die teilweise ebenfalls blutige Schlägerei der Studierenden andererseits jeweils Ruhmesblätter der Universitätsgeschichte bildeten, das wiederum ist eine andere Frage, auf die an dieser Stelle nicht mehr eingegangen werden soll.

Abb. 1: Der Bereich Glatter Aal/Garbräterstraße/Maler- bzw. Buchbinderstraße auf dem Tarnow-Plan 1780/90 (Die im Beitrag behandelten Grundstücke sind umrahmt), Quelle: *Gustav Kohfeldt* (Hrsg.), Rostock im Jahrzehnt 1780/90. Stadtkarte des Hospitalmeisters J.M. Tarnow. Rostock 1918.

Abb. 2: Standort des ehemaligen Pantoffelmacherschüttings (Ecke Garbräterstraße/Maler- bzw. Buchbinderstraße), Quelle: Archiv des Denkmalpflegeamtes Rostock, Foto von Rudolf Spach vor 1910.

Angela Hartwig

Archiv und Kustodie auf dem Weg zum 600. Geburtstag der Universität Rostock

Das Universitätsarchiv Rostock beherbergt mit seinen historischen Beständen das Gedächtnis einer der ältesten Hochschulen Deutschlands und des Ostseeraumes. Es ist für das Verständnis der Vergangenheit, Gegenwart und Zukunft der Universität sowie einer regional verankerten, spezifischen Bildungslandschaft, seiner Entwicklung und der gesellschaftlichen Wechselwirkungen von Bedeutung. Als zentraler Dokumentationsbereich ist das Archiv integraler Bestandteil der Bildungs- und Kulturgeschichte der Universität, der Stadt Rostock, der Landesgeschichte und weiterer Disziplinen.

Die folgenden Ausführungen werden sich mit einer kurzen Übersicht der Bestände des Archivs, der Einrichtung des Sammlungsportals durch die Kustodie und dem Aufbau von digitalen Studenten- und Professorenverzeichnissen in der Forschungsstelle beschäftigen.

In Vorbereitung des 600-jährigen Jubiläums der Universität 2019 stellten sich die Mitarbeiterinnen und Mitarbeiter des Archivs das Ziel, dessen Geschichte und die seiner Bestände darzustellen. Dabei war es auch wichtig, Möglichkeiten der Benutzung und Auswertung für die Fakultäten, Institute und Bereiche aufzuzeigen. Mit der Erkenntnis, dass aus der Tradition heraus auch Forschungsprofile für die Zukunft entwickelte werden können, stieg das Interesse an der Geschichte. Auch die Auseinandersetzung mit der Erinnerungskultur brachte die Archivarbeiten voran.

Die Geschichte des Universitätsarchivs ist geprägt durch ein ständiges Auf und Ab, sie ist eng mit der Entwicklung der Rostocker Geschichtswissenschaft und ihrer Vertreter verbunden. Im 17. und 18. Jahrhundert nutzten vor allem die Universitätsprofessoren Ernst Johann Friedrich Mantzel (1699–1768), Johann Daniel Angelius Aepinus (1718–1784) und Christian Ehrenfried Eschenbach (1712–1788) die Bestände des Archivs für ihre historischen Arbeiten. Durch diese sind auch erste Verzeichnisse der Bestände überliefert. Geordnet und verzeichnet wurden vor allem diejenigen, die sie für ihre Arbeiten benötigten. Der Aufschwung der Universität Rostock zum Ende des 19. Jahrhunderts war verbunden mit der Institutionalisierung neuer Wissenschaftsdisziplinen. Dies fand auch in der Sicherung, Ordnung und Verzeichnung der Bestände des Archivs seinen Niederschlag. Der Jurist Hugo Böhlau (1833–1887) formte 1870 aus den überlieferten Beständen ein modernes Universitätsarchiv und legte 1878 eine Archivordnung vor. Damit begann eine neue Zeit in der Geschichte des Archivs mit Regeln und Normen für die weitere Arbeit. Doch schon 1897 fand die positive Entwicklung für das Archiv und seine Bestände ein jähes Ende, denn wegen Platzmangels im Hauptgebäude wurden die Akten aus dem speziell dafür hergerichteten Archivraum entfernt und in einem viel zu kleinen Kellerraum mit völlig unbefriedigenden klimatischen und sicherheitstechnischen Bedingungen untergebracht. Die gerade erzielte Ordnung wurde dabei leider völlig zerstört.

Mit den Vorbereitungen auf die 500-Jahr-Feier 1919 setzte die Universitätsleitung im Jahre 1905 eine Jubiläumskommission ein, deren Anliegen die systematische Ordnung und Aufnahme des Bestandes des Universitätsarchivs war. Zunächst war es der Historiker und Theologe Ernst Schäfer (1872–1946), der mit viel Sachverstand und praktischem Geschick die Bestände zu ordnen begann, bevor ab 1910 die Ordnungsarbeiten im Archiv durch die Historiker Arnold Oskar Meyer (1877–1944), Willy Andreas (1884–1967) und Wilhelm Schüssler (1888–1965) fortgesetzt wurden. Nach der Wiedereröffnung der Universität Rostock 1946 war die wichtigste Aufgabe die Rückführung der ausgelagerten und die Sicherung verstreuter Bestände sowie die Zusammenführung der bis dahin eigenständigen, von den Dekanen geführten Fakultätsarchive in ein einheitliches Universitätsarchiv.

Anfang der 1960er Jahre begannen die Vorbereitungen auf das 550-jährige Jubiläum der Universität im Jahr 1969. Eine umfangreiche Publikation zur Geschichte der Universität sollte geschrieben werden. Dafür war der Zugang zu den Quellen im Universitätsarchiv erforderlich. Für eine systematische und geordnete Verzeichnung der Bestände war anscheinend keine Zeit, denn 1990 lagen keine Findbücher vor. Dies erschwerte auch die Vorbereitung auf das 575. Universitätsjubiläum 1994.

Ab 1992 begann eine moderne, digitale Erschließung der Bestände, um Benutzern den Zugang zu den Akten/Quellen zu erleichtern. Ziel war es, in Vorbereitung des Jubiläums 2019 alle historischen Bestände zu ordnen und zu verzeichnen und eine Bestandsübersicht vorzulegen. Der Zugang zu den Quellen für eine zum Jubiläum geplante neue Universitätsgeschichte sollte für die Wissenschaftler schnell und übersichtlich ermöglicht werden. Durch die intensiven Verzeichnungsarbeiten in den letzten zwanzig Jahren entstand eine Tektonik des Gesamtbestandes. Im Jahr 2006 wurde zunächst das *Web-Archiv* ins Netz gestellt, was die Recherche der Nutzer bereits erleichterte.

Im Jahr 2010 legte das Universitätsarchiv eine umfassende Übersicht aller Bestände vor. Dieses Findhilfsmittel dient der Information über den Gesamtbestand, dessen Erschließungsstand und seine Nutzbarkeit. Die Bestandsübersicht ist als Momentaufnahme zu betrachten. Ein solches Nachschlagewerk konnte nur auf der Grundlage eines kontinuierlichen Ordnens und Verzeichnens durch die Mitarbeiterinnen und Mitarbeiter des Universitätsarchivs seit 1992 entstehen. Es muss in diesem Zusammenhang aber auch auf die verdienstvolle Arbeit vorangegangener Archivare hingewiesen werden, die wertvolle Bestände übernommen, gesichert und verwaltet sowie erste Ordnungsmodelle und Findhilfsmittel geschaffen hatten.

Erstmals wurden alle einzelnen Archivbestände entsprechend ihres historischen Strukturzusammenhanges durch Reihung und Gliederung in eine systematische Ordnung gebracht und beschrieben. Die Ergebnisse dieser Tätigkeit können jetzt einer breiten Öffentlichkeit zur Verfügung gestellt werden.

Im Band 14 der *Rostocker Studien zur Universitätsgeschichte* liegt die Bestandsübersicht seit 2010 gedruckt vor. Trotz des elektronischen Zeitalters oder gerade deshalb ist es ein nicht zu ersetzendes Hilfsmittel bei der fachlichen Beratung der Benutzer und deren Heranführung an die einzelnen Bestände. Für eine umfassende Erforschung der Universitätsgeschichte war dies schon lange erwünscht. Während die Bestandsübersicht auf die für eine bestimmte Recherche relevanten Bestände hinweist, gelangt man über die jeweiligen Findbücher und die Datenbank direkt an die einzelne gesuchte Archivalie. Das Universitätsarchiv löste im Sommer 2013 das *Web-Archiv* durch das FINDBUCH.Net ab und machte damit die Erschließung der Bestände sukzessive auch digital im Netz verfügbar. Dieser digitale Zugang zu den einzelnen Verzeichnungseinheiten der Archivdatenbank wird kontinuierlich erweitert.

Zu den Aufgaben der dem Archiv zugehörigen Kustodie gehören die Erfassung und Erschließung der wissenschaftlichen Sammlungen, die wesentliche Infrastrukturen für Forschung und Lehre an Universitäten sind. Nur so kann das in historischen Sammlungen vorhandene Potenzial gesichert und genutzt werden.

Die Universität Rostock verfügt über objektbezogene wissenschaftliche Sammlungen in verschiedenen Fachbereichen, die für Lehre und Forschung benötigt wurden. Bereits Ende des 18. Jahrhunderts entstand eine Reihe von Sammlungen zur Lehre und Forschung in den sich entwickelnden Naturwissenschaften und in der Medizin, aber auch Kunstsammlungen wurden angelegt. So konnte 1790 Oluf Tychsen (1734–1815) Gegenstände aus herzoglichen Sammlungen in Ludwigslust für die Universität übernehmen.

Der an der Universität Rostock vorhandene Bestand umfasst heute zahlreiche historisch wertvolle, zum Teil einmalige Sammlungen unterschiedlicher Größe und Bedeutung. Dazu gehören u.a. die Zoologische Sammlung, die Biologischen Sammlungen, das Alpinum im Botanischen Garten, das Universitätsherbarium, die Mineralogische Sammlung, die Anatomische Lehrsammlung, die Pathomorphologische Anschauungssammlung menschlicher Krankheiten, die Historische Drogensammlung, die Sammlung Historischer Physikalischer Geräte, die Archäologische Sammlung, die Armin-Münch-Sammlung, das Photo-Eschenburg -Archiv, die Artothek, die Grafiksammlung, die Universitätsinsignien, das historische Abendmahlgerät der Theologischen Fakultät und nicht zuletzt die Gemäldesammlung. Einige sind öffentlich zugänglich, werden in der Lehre eingesetzt und/oder in aktuelle Forschungen einbezogen. Andere lagern unbekannt hinter verschlossenen Türen und sind in ihrer Existenz bedroht.

Spätestens mit den Empfehlungen zu wissenschaftlichen Sammlungen als Forschungsinfrastrukturen des Wissenschaftsrates vom Januar 2011 wurde begonnen, die Rostocker Sammlungen nach außen hin sichtbar zu machen. Es wurde ein auf XML-basiertes Datenmodell zur Speicherung der Informationen entwickelt und die Webanwendung für die Präsentation im Corporate Design der Universität programmiert, ein gemeinsames Universitätsportal konnte entwickelt und ins Netz gestellt werden. Seit März 2013 ist das Sammlungsportal unter http://sammlungen.uni-rostock.de online. Um dieses Portal einzurichten, war eine Bestandsaufnahme notwendig, die zugleich aufzeigte, was an der Universität Rostock in den kommenden Jahren zu tun ist. Um die Sammlungen zu erhalten, müssen diese zuerst einmal erfasst, digitalisiert, wissenschaftlich erschlossen und deren Status bestimmt werden. Dann wird auch eine nationale und internationale Vernetzung möglich.

Im letzten Abschnitt sollen nun Projekte der Forschungsstelle zur Universitätsgeschichte näher betrachtet werden.

Seit 2005 werden wichtige Personengruppen an der Universität Rostock – Studenten und Professoren – systematisch in Datenbanken erfasst. Die im Universitätsarchiv aufbewahrten Rostocker Matrikeln sind bis heute eine lückenlos dokumentierte Quelle. Diese Einschreibungen werden in einer Datenbank strukturiert aufgearbeitet und in einem Internetportal präsentiert – dem Matrikelportal Rostock (MPR). Das zweite Projekt ist der Catalogus Professorum Rostochiensium (CPR), ein biographisches Informationssystem, in dem alle Professoren und Dozenten mit einem eigenen Eintrag vertreten sein sollen. So kann der Lehrkörper erstmals vollständig nachgewiesen werden.

Eine Reihe von jungen WissenschaftlerInnen stellt unter Anregung und Anleitung von Herrn Prof. Kersten Krüger, Herrn Robert Stephan und mir ihr Wissen und Können durch Mitarbeit in den genannten Projekten in den Dienst der Universität. Momentan sind es die wissenschaftlichen Hilfskräfte Regine Elhs, Beate Neudert, Marco Schabacker und Christoph Wegner. Intensive Spuren haben Karsten Labahn, Matthias Glasow, Oliver Hoffmann, Nina Happ,

Eemeli Eckardt, Doreen Brandt, Christian Hall, Carl Christian Wahrmann, Steffen Doberschütz und René König hinterlassen.

Wie bereits festgestellt, bewahrt die Universität im Archiv einzigartige Zeugnisse einer nunmehr fast 600-jährigen Geschichte. Neben Privilegienbriefen und Statuten als den Symbolen für akademische Freiheit und eigenständige Verfassung waren die Matrikeln, die die lange Reihe der Universitätsmitglieder fast lückenlos erfasst, das wichtigste Dokument einer Universität. Die Einschreibung durch den Rektor in das ehrwürdige Matrikelbuch war ein symbolischer und rechtserheblicher Akt, durch den der Immatrikulierte seinen Rechtsstand wechselte und von nun an die Privilegien des akademischen Bürgerrechts genoss.

Es handelt sich also nicht nur um eine bloße Auflistung von Personenzeugnissen, die Matrikeln repräsentieren die Universität in ihrem ursprünglichen, bis heute fortwirkenden Wesen als Personenverband, als Gemeinschaft von Lernenden und Lehrenden.

Im Mai 2008 konnte nach dreijährigen Vorarbeiten mit der Übertragung der Informationen aus den Matrikeln begonnen werden. Die Eingabe der Matrikeleinträge erfolgt anhand von digitalisierten Vorlagen über ein Online-Formular in eine zentrale Datenbank.

Im MPR werden zurzeit mehr als 200 000 Personenzeugnisse aus dem Zeitraum 1419 bis 1970 und ab 1992 bis heute präsentiert. Alle Matrikeleinträge können Semester für Semester durchgesehen werden. Suchfunktionen ermöglichen gezielte Recherchen nach Personennamen und Herkunftsorten, aber auch detaillierte Datenbankabfragen nach Studienfächern, akademischen Titeln, Geschlecht oder Religion.

Neben den Matrikeldaten macht das Portal auch die Quellen bis 1945 zugänglich. Jeder Eintrag ist mit den dazugehörigen Digitalisaten der Matrikelbücher verknüpft. So kann man in der von Rektoren bzw. ihren Universitätssekretären oder Notaren eingetragenen Matrikel oder in den seit dem 19. Jahrhundert eigenhändigen Einschreibungen der Studenten stöbern.

Durch weitere Verknüpfungen werden die Matrikeleinträge aufbereitet und mit zusätzlichen Informationen angereichert. So ermöglicht die Verbindung mit Geodaten die Anzeige der Herkunftsorte der Studenten auf einer interaktiven Karte. Daneben finden sich Angaben zu den im Semester der Einschreibung tätigen Professoren sowie zu den angebotenen Vorlesungen. Verknüpfungen führen zum CPR und zu Digitalisaten der historischen Vorlesungsverzeichnisse seit dem 18. Jahrhundert auf dem Dokumentenserver der Universitätsbibliothek. Über die GND-Nummer, einen einheitlichen Identifikator für Personen in Deutschland, werden einzelne bekannte Studenten identifiziert und mit weiteren Informationsangeboten im Internet, etwa biographischen Artikeln oder Publikationen, verknüpft.

Eine Nutzerkommentarfunktion bietet den Besuchern des Portals die Möglichkeit, alle Matrikeleinträge bis 1945 zu kommentieren. Jeder kann sich an der Erweiterung des Portals beteiligen und die oft nur sehr knappen Angaben mit Lebensdaten oder Biographien der Studenten und Hinweisen auf Literatur oder Internetlinks ergänzen. So kann das Matrikelportal mit der Zeit wachsen und die Universität kann das Wissen um ihre bekannten und weniger bekannten Studenten erweitern.

Der CPR wird von der Forschungsstelle für Universitätsgeschichte seit 2005 bearbeitet und ist seit 2006 online erreichbar. Anfangs wurden nur die gegenwärtigen Professorinnen und Professoren des Zeitraumes von 1993 bis heute angeschrieben und um Zuarbeiten gebeten, die man dann nach einem festgelegten Algorithmus in die Datenbank aufnahm. Nach und nach wurden auch die Daten der Hochschullehrerinnen und -lehrer vor 1993 eingearbeitet. Inzwischen sind diese Einträge für den Zeitraum von 1563 bis 2013 nahezu vollständig.

Die Katalogeinträge umfassen Zeitraum, Art, Fachgebiet und institutionelle Zuordnung der Rostocker Professuren. Soweit möglich folgen Angaben zur Biographie, zum wissenschaftlichen Profil und zu den Aktivitäten an der Rostocker Hochschule. Beigefügt finden sich Bilder, Lebensläufe, Schriftenverzeichnisse und andere Quellen zur Person. Die Einträge sind systematisch mit weiteren digitalen Ressourcen verknüpft. Der *Kurzeintrag* enthält nur die wichtigsten Daten, die ohne Einwilligung der Person oder seiner Erben aufgenommen und veröffentlicht werden dürfen. Der *Langeintrag* beinhaltet eine ausführliche Kurzbiographie, Angaben zu akademischen Abschlüssen, zu Funktionen in der akademischen Selbstverwaltung, Ehrungen und weitere Literatur. Diese sind nur für nicht mehr unter Datenschutz stehende Personen möglich. Ansonsten ist das Einverständnis der Betreffenden für die Veröffentlichung des Langeintrags erforderlich.

Zurzeit enthält der CPR 2 300 Einträge. Übersichten der Professorinnen und Professoren sowie der Hochschuldozentinnen und -dozenten der Ingenieurhochschule Warnemünde/Wustrow und der Professorenschaft der Pädagogischen Hochschule Güstrow für den Zeitraum ihrer Wirkung an der Universität Rostock von 1991 bis 1993 wurden aufgenommen.

Sehr viel Zeit nimmt die Aktualisierung der bestehenden Einträge in Anspruch. Um den CPR auf den jeweils aktuellen Stand zu bringen bzw. zu halten, werden jährlich fast 600 Professorinnen und Professoren angeschrieben und deren Datensätze abgeglichen. Dass sich dieser Aufwand jedoch lohnt, zeigt die Nutzerstatistik. Sie bestätigt die große Nachfrage nach Informationen aus diesem Portal. Im Jahr 2013 wurde 67 000-mal auf Einträge zugegriffen. Für 2015 war ein Druck des CPR geplant. Dazu wurde eine umfangreiche Fehlersuche durchgeführt. Eine Übersicht der Akademischen Ämter (Rektoren, Prorektoren, Kanzler, Dekane, Bibliotheksdirektoren, Sektionsdirektoren) wird die Datenbank vervollständigen.

Nächster wichtiger Schwerpunkt wird dann die Arbeit an den Einträgen der Gelehrten der Universität 1419–1563 sein.

Die genannten Beispiele haben gezeigt, wie viel bereits in Vorbereitung des Universitätsjubiläums durch Archiv, Kustodie und Forschungsstelle geleistet wurde. Doch in den nun noch verbleibenden fünf Jahren ist immer noch sehr viel zu tun, wofür es engagierter Mitarbeiterinnen und Mitarbeiter, aber auch der entsprechenden Unterstützung durch die Universitätsleitung bedarf.

Matthias Glasow

Kollektivbiographisches Erinnern – Der Catalogus Professorum Hamburgensium

Einleitung

Dass die deutsche Geschichtswissenschaft die Biographie auf „breiter Front […] wiederentdeckt"[1] hat, macht ein Blick in gängige Bibliotheks- und Verlagskataloge mehr als deutlich. Die Entscheidung, einen biographischen Zugang zu historischen Forschungen zu wählen, beinhaltet heute kein potentielles Karriererisiko mehr. Die Einzelbiographie widmet sich dabei meist den historisch bedeutenden, wirkungsmächtigen Personen, wobei sich die Auswahlkriterien wiederum den wissenschaftlichen Tendenzen anpassen und auch die nicht zu unterschätzenden Anforderungen des kommerziellen Buchmarktes verpflichtende Auswirkungen haben können.[2] Auch in der Universitäts- und Wissenschaftsgeschichte, wo das Thema Biographie in den gängigen Kurzformen wie der Laudatio und des Nachrufs nie gänzlich aus der Mode gekommen war, ist eine verstärkte Hinwendung zur Abbildung von (wissenschaftlichen) Lebensläufen nachweisbar. Neben der Einzelbiographie besitzen kollektivbiographische Arbeiten einen hervorgehobenen Stellenwert innerhalb der Beschäftigung mit wissenschaftlichen Einrichtungen. Der eng eingrenzbare Personenkreis beispielsweise einer Universität oder Fachrichtung lassen den kollektivbiographischen Ansatz besonders lohnenswert erscheinen, allgemeine Merkmale einer Gruppe in einer zusammenfassenden Studie zu untersuchen.[3] Die Darstellung von Karrierewegen und daraus ersichtlicher Karrieremuster ist ein erstrebenswerter Wissensgewinn. Viele Personen können über einen längeren Zeitraum betrachtet und somit eine „Abfolge der unterschiedlich langen Zustände oder Merkmale innerhalb des Lebensverlaufs sowie der ausgefüllten

---

[1] *Wolfram Pyta*, Biographisches Arbeiten als Methode: Geschichtswissenschaft. In: Christian Klein (Hrsg.), Handbuch Biographie. Methoden, Traditionen, Theorien. Stuttgart, Weimar 2009, 331–338, hier 331.

[2] Vgl. *Hannes Schweiger*, Biographiewürdigkeit. In: Klein, Handbuch (Anm. 1), 32–36.

[3] Vgl. *Lawrence Stone*, Prosopographie – englische Erfahrungen. In: Konrad Jarausch (Hrsg.), Quantifizierung in der Geschichtswissenschaft. Probleme und Möglichkeiten. Düsseldorf 1976, 64–97, hier 64.

Rolle, den ausgeübten Funktionen oder Ämtern"[4] sichtbar gemacht werden. Eine wichtige Grundlage für sozial-historische und statistische Auswertungen können hierfür Professorenkataloge und Gelehrtenverzeichnisse bilden. Mit ihren oftmals reichhaltigen biographischen Informationen bieten sie eine verheißungsvolle Menge an Daten, die förmlich dazu einlädt, weiterführende Studien zu betreiben. Dass anlässlich des 100-jährigen Jubiläums der Universität Hamburg nun auch ein Katalog der Hamburger Professorinnen und Professoren im Entstehen begriffen ist, ist somit unter anderem ein Zeichen für den weiterhin hohen Stellenwert, den kollektivbiographische Arbeiten besitzen. Nicht zuletzt reiht sich der *Catalogus Professorum Hamburgensium* in eine lange Tradition der akademischen Erinnerungskultur ein.

Professorenkataloge – Evergreens der akademischen Erinnerungskultur

Seit dem 19. Jahrhundert gehören Professorenkataloge und Gelehrtenverzeichnisse zum festen Repertoire von Universitäten, meist erstellt im direkten Zusammenhang mit Jubiläen.[5] Der Umfang des Katalogs und die Qualität der Einträge differenzieren naturgemäß,[6] jedoch beinhalten sie zumindest den Namen der Person und die Art und Dauer der Professur an der entsprechenden Hochschule.

Was reizt nun Historiker, Archivare und Vertreter aus anderen Disziplinen bis heute, sich der meist mühevollen Quellenarbeit in einem Randgebiet der Geschichtswissenschaft hinzugeben? Nicht völlig unbegründet werden Professorenkataloge kritisch von anderen Fachvertretern beleuchtet und müssen sich dem Vorwurf des Positivismus stellen. Zudem ist es auf Grund des Umfangs

---

[4] *Alexander Gallus*, Biographisches Arbeiten als Methode: Politikwissenschaft (und Zeitgeschichte). In: Klein, Handbuch (Anm. 1), 382–387, hier 387.

[5] Vgl. die wohl noch immer umfassendste Auflistung von Professorenkatalogen in: *Ulf Morgenstern*, Nabelschau, Spezialexikon oder sozialstatistische Quellensammlung? Über Intention, Wandel und Nutzen von Professorenkatalogen. In: Ders./Thomas Riechert (Hrsg.), Catalogus Professorum Lipsiensis. Konzeption, technische Umsetzung und Anwendungen für Professorenkataloge im Semantic Web. Leipzig 2010, 3–32, hier 15 f., Anm. 38.

[6] Unübertroffen und schwerlich zu überbieten in Umfang und Qualität der Einzelbiographien ist sicherlich *Helmut Marcon/Heinrich Strecker* (Hrsg.), 200 Jahre Wirtschafts- und Staatswissenschaften an der Eberhard-Karls-Universität Tübingen. Leben und Werk der Professoren. Die Wirtschaftswissenschaftliche Fakultät der Universität Tübingen und ihre Vorgänger (1817–2002). 2 Bde. Stuttgart 2004.

des bearbeiteten Personenkreises unmöglich, eine differenzierte Bewertung der Einzelbiographien vorzunehmen, weshalb sich die meisten Kataloge auf eine Sammlung von biographischen und bibliographischen Informationen beschränken. Dem gegenüber können die Bearbeiter der Kataloge und Verzeichnisse den unbestreitbaren Wert für die Grundlagenforschung hervorheben, den sie mittels der Bereitstellung und Aufarbeitung von Quellen- und Literaturbeständen oftmals erstmalig leisten. Weiterhin bietet sich besonders bei den elektronischen Katalogen eine sozialhistorische und statistische Auswertung an, die auf Grund der strukturierten biographischen Datensammlung erst möglich gemacht werden können.[7] Die Reduzierung auf biographische Kernangaben der Hochschullehrer ermöglicht zudem einen neutralen Einstieg in die jeweilige personelle Universitätsgeschichte. Es bietet sich damit also ein Ausweg aus unkritischen Hagiographien auf der einen Seite und einer Generalverurteilung auf der anderen. Professorenkataloge können also dabei helfen, die unterschiedlichen Graustufen in den Einzelbiographien hervorzuheben.[8]

Dabei werden Professorenkataloge nicht primär wegen ihrer zu erwartenden Forschungsleistung gefördert. Wie bereits erwähnt, resultiert die Existenz der meisten Arbeiten aus begangenen oder anstehenden Universitätsjubiläen und sie sind – wie die Zwischenüberschrift schon verrät – ein Teil der traditionellen akademischen Erinnerungs- und Festkultur. Gerade die mehrere Jahrhunderte alten Universitäten profitieren von einer Ressource, die nicht mittels Geld oder Exzellenzclustern erworben werden kann: der Tradition. Ein Professorenkatalog ist neben Festschriften oder Bildbänden ein probates Mittel, „um Tradition zu inszenieren und dadurch als Ressource zu aktivieren."[9] Die Beschäftigung mit der (personellen) Vergangenheit der eigenen Universität hat identitätsstiftende Auswirkungen nach innen und in den öffentlichen Raum und mit der „zunehmenden Historizität der eigenen Existenz" generiert sich auch für jüngere Universitäten „ein greifbares Traditionsbewusstsein"[10]. Weiterhin können

---

[7] Vgl. dazu *Matthias Glasow/Karsten Labahn*, Der Catalogus Professorum Rostochiensium. Ein biografisches Informationssystem. In: Jahrbuch für Universitätsgeschichte 16 (2013). Stuttgart 2015, 201–214, hier 204.

[8] Vgl. *Ulf Morgenstern*, Vom Namensregister zum agilen Recherchewerkzeug. Überlegungen zu Geschichte und Wandel von Professorenkatalogen aus der Sicht des Catalogus Professorum Lipsiensis. In: Christian Hesse/Rainer Christoph Schwinges (Hrsg.), Professorinnen und Professoren gewinnen. Zur Geschichte des Berufungswesens an den Universitäten Mitteleuropas. Basel 2012, 441–469, hier 450–452.

[9] *Glasow/Labahn*, Informationssystem (Anm. 7), 202.

[10] *Morgenstern*, Namensregister (Anm. 8), 456.

Professorenkataloge und Gelehrtenverzeichnisse dabei helfen, den Universitäten, „sei es aus nationaler, regionaler oder lokaler Perspektive, eine nachträgliche historische Legitimation"[11] zu verleihen.

Dass trotzdem nicht alle Universitäten, die in den vergangenen Jahren Jubiläen begingen, einen Professorenkatalog ihr Eigen nennen können[12], mag an den bereits erwähnten Kritikpunkten liegen, die von Seiten der dortigen Fachvertreter einem vielleicht gedachten Katalog entgegengebracht wurden. Möglicherweise waren es aber auch finanzielle Gründe, denn gedruckte oder elektronische Kataloge bedürfen einer ausreichenden Finanzierung, die auch über die eigentliche Dauer der Bearbeitung gesichert sein sollte. Es wundert daher auch nicht, dass der Bearbeitungszeitraum nur weniger bisher existierender Kataloge bis in die Gegenwart reicht oder den Gesamtzeitraum des Bestehens der Universität abdeckt.[13]

Der Hamburger Weg – Das Rad nicht wieder neu erfinden

Der – nicht zuletzt für den Verfasser – erfreuliche Umstand, dass sich die Universität Hamburg zu ihrem anstehenden Jubiläum 2019 einen eigenen Professorenkatalog anfertigen lässt, ist das Ergebnis einer länger währenden Planungsgeschichte. Etwas über zwei Jahre brauchte es, um von der ersten Idee bis zum Beginn der Arbeiten zu gelangen. In der von Rainer Nicolaysen geleiteten Arbeitsstelle für Universitätsgeschichte und der ihr angeschlossenen Hamburger Bibliothek für Universitätsgeschichte steht nun also die Wiege des neuesten Zuwachses in der Familie der Professorenkataloge und Gelehrtenver-

---

[11] *Oliver Auge/Swantje Piotrowski*, Kieler Professorinnen und Professoren in Wissenschaft und Gesellschaft von 1665 bis heute – eine Hinführung. In: Dies. (Hrsg.), Gelehrte Köpfe an der Förde. Kieler Professorinnen und Professoren in Wissenschaft und Gesellschaft von 1665 bis heute. Kiel 2014, 7–17, hier 7.

[12] So erstellten die Universitäten Freiburg und Gießen anlässlich ihrer Jubiläen 2006 bzw. 2007 keine Kataloge.

[13] Neben den abgeschlossenen Katalogen aus Heidelberg und Dresden plant der Online-Katalog aus Rostock eine Gesamtdarstellung seiner Professoren und Gelehrten von 1419 bis in die Gegenwart. Vgl. dazu: *Dagmar Drüll*, Heidelberger Gelehrtenlexikon. 1386–1651. Berlin u. a. 2002; 1652–1802. Berlin u. a. 1991; 1803–1932. Berlin u. a. 1986; 1933–1986. Berlin u. a. 2009; *Dorit Pretschel*, Die Professoren der TU Dresden 1828–2003. Köln u. a. 2003; http://cpr.uni-rostock.de (letzter Zugriff 04.05.2015). Eine länger währende Finanzierung erhielten bzw. erhalten im Fall der Online-Professorenkataloge Rostock (2005/6 bis heute), Leipzig (2006–2010) und Kiel (2010 bis heute).

zeichnisse. Da zum Zeitpunkt des Verfassens dieses Beitrages der Katalog noch im Entstehen und ein offizieller Web-Auftritt noch nicht vorhanden ist, muss an dieser Stelle auf Statistiken und mögliche erste Auswertungen noch verzichtet werden. Trotzdem soll ein kurzer Werkstattbericht zeigen, welche Inhalte der Hamburger Katalog wiedergeben wird.

Abb.: Die geplante Eingangsgrafik des Hamburger Professorenkatalogs mit den Porträts folgender Personen: Ernst Cassirer (ganz links); Erwin Panofsky, Magdalene Schoch, Emil Artin (obere Reihe, von links nach rechts); Agathe Lasch, Eduard Heimann, Albrecht Mendelssohn Bartholdy (untere Reihe, von links nach rechts). Entwurf: Universität Hamburg, Abt. Kommunikation und Öffentlichkeit.

Die Gründe für das Erstellen eines Hamburger Professorenkatalogs sind einfach und sprechen für sich. Mit dem nahenden 100-jährigen Universitätsjubiläum ist der passende Anlass gegeben. Der relativ kurze Zeitraum des Bestehens[14] der Universität ist überschaubar und macht es möglich, den Bearbeitungszeitraum bis in die Gegenwart zu legen. Die Universität Hamburg wird das erprobte MyCoRe-Datenmodell des Catalogus Professorum Rostochiensium übernehmen und nur an den nötigen Stellen anpassen müssen. Letztlich konnte der Verfasser seine in Rostock erworbene Erfahrung in Hamburg neu einbringen und ohne lange Einarbeitungszeit das Projekt im Februar 2014 beginnen. Die finanzielle Ausstattung ist für zwei Jahre zu gleichen Teilen vom Präsidium der Universität und der „Stiftung Universität Hamburg" bereitgestellt worden.

---

[14] Die Gelehrten und Professoren der „Vorgängerinstitutionen" (Akademisches Gymnasium, Allgemeines Vorlesungswesen und Kolonialinstitut) werden nicht aufgenommen.

Die zur Erstellung des Katalogs veranschlagten zwei Jahre sind allerdings ein Grund dafür, dass bei der inhaltlichen Gestaltung der Einträge Abstriche gemacht werden müssen. Das Hauptziel ist es, ein vollständiges Verzeichnis aller Professoren[15] und Privatdozenten von 1919 bis in die Gegenwart zu erstellen. Auf Grund des Wunsches nach Vollständigkeit beschränken sich die biographischen Angaben auf das für Hamburg Nötigste.[16] Das Hauptaugenmerk liegt auf der Professur bzw. Dozentur, ähnlich wie es in Rostock mittels der sogenannten Kurzeinträge gehandhabt wird.[17] Als Hauptquelle für die Datenerhebung des Lehrkörpers dienen die Vorlesungsverzeichnisse der Hamburger Universität, die sukzessiv von 1919 bis in die Gegenwart durchgesehen werden. Des Weiteren werden die im Hamburger Staatsarchiv[18] vorhandenen Personalakten durchgesehen, was hauptsächlich der Verifizierung der vorher erhobenen Informationen dient. Ergänzend werden vor allem für die Lebensdaten biographische Standardwerke wie „Kürschners Deutscher Gelehrenkalender" oder die „Deutsche Biographie" herangezogen. Die recherchierten Angaben werden in einer MS-Excel-Tabelle in einer standardisierten Form eingegeben und für den späteren Upload in MyCoRe vorbereitet.

Rückblick und Ausblick – Biographisches Erinnern an der Universität Hamburg

„Wenn auch die Hamburger Universität noch sehr jung ist und wenn auch die Darstellung der Zeitspanne von 1919 bis 1969 ihre besonderen Schwierigkeiten hat, so ist doch die Geschichte einzelner Forscher, einzelner Fächer, der Fakultäten und der Universität selbst so interessant und vielfach beispielhaft, daß auf diesen ‚Stoff' nicht verzichtet werden sollte."[19]

---

[15] Ausgenommen sind Gast- und Vertretungsprofessuren.

[16] Eine Auflistung dieser Angaben findet sich in der Übersicht im Anhang.

[17] Vgl. dazu *Glasow/Labahn*: Informationssystem (Anm.7), 206.

[18] An der Universität Hamburg existiert erst seit Mai 2014 zumindest wieder die Stelle der Leitung eines Universitätsarchivs. Diesem Archiv ist auch die Registratur unterstellt, wo u. a. noch weitere Personalunterlagen lagern. Ob diese Akten im Rahmen des Projekts eingesehen werden dürfen, ist fraglich.

[19] Niederschrift über die 304. Sitzung des Akademischen Senats am Freitag, dem 3. Februar 1967. In: Staatsarchiv Hamburg, 364-5 Uni II, 03-10.12, Bd. II. Hier 21.

Was sich noch 1967 als eine geplante eingehende Studie zur Geschichte der Institutionen und Lehrenden der Hamburger Universität liest, mündete schließlich in die erst 1970 erschienene Festschrift[20] zum 50-jährigen Universitätsjubiläum. Trotz der längeren Vorbereitungszeit waren zwölf der 50 Jahre nur spärlich bis gar nicht behandelt worden – die „besonderen Schwierigkeiten" waren scheinbar zu groß.[21] Auch eine ausführliche Beschäftigung mit dem Lehrkörper ist hier nicht zu finden, doch immerhin existiert eine Darstellung aller Lehrstühle der damaligen sechs Fakultäten.[22]

Mit dem 1991 erschienenen „Hochschulalltag im ››Dritten Reich‹‹"[23] wurde eine viel beachtete und hochgelobte gesamtuniversitäre Forschungsleistung präsentiert, die die vorher noch weitgehend unerforschte nationalsozialistische Vergangenheit der Universität ausleuchtete. Diese Arbeit scheint als eine Initialzündung gewirkt zu haben. Bis in die Gegenwart ist eine verstärkte Hinwendung der Universität zu ihren vertriebenen, ermordeten oder aus sonstigen Gründen aus der Hochschule entfernten Personen zu erkennen. Besonders das Erinnern mittels der Benennung von beispielsweise Hörsälen des Universitätshauptgebäudes in der Edmund-Siemers-Allee 1 oder das Verlegen von „Stolpersteinen" scheint ein adäquates Mittel zu sein, Erinnerung in den universitären und öffentlichen Raum zu tragen.

„[Die Universität Hamburg] erinnert damit an die eigene Tradition, um sich ihrer Geschichte zu vergewissern, aber auch um herausragenden Universitätsangehörigen die ihnen gebührende Achtung zu erweisen und zur Beschäftigung mit ihnen aufzufordern, sie schafft damit auch Elemente korporativer Identifikation."[24]

---

[20] Universität Hamburg 1919–1969 [= Festschrift zum 50. Gründungstag der Universität Hamburg]. o. O. o. J. [Hamburg 1970].

[21] Lediglich der Aufsatz von *Helga Bauer/Gerlinde Supplitt*, Einige Aspekte zur Entwicklung der Hamburger Studentenschaft 1919–1969. In: Ebd., 311–332 beschäftigt sich explizit auch mit der Zeit von 1933 bis 1945.

[22] Die Beschränkung auf die Darstellung der Lehrstühle ist wohl als ein Statement der Ordinarien zu verstehen, die noch zum Ende der Universitätsreform ein Bild ihrer alten Ordinarienuniversität zeichneten.

[23] *Eckart Krause/Ludwig Huber/Holger Fischer* (Hrsg.), Hochschulalltag im ››Dritten Reich‹‹. Die Hamburger Universität 1933–1945. (Hamburger Beiträge zur Wissenschaftsgeschichte, Bd. 3) 3 Teile, Berlin, Hamburg 1991.

[24] *Frauke Hamann*, Einleitung. Gelungene Traditionsbildung. Die Universität Hamburg hat einen Ernst Cassirer-Hörsaal. In: Zum Gedenken an Ernst Cassirer (1874–1945). Anspra-

Dass die Namensgeber der Hörsäle mit den dargestellten Professorinnen und Professoren in der Eingangsgrafik des Catalogus Professorum Hamburgensium (siehe Abb.) identisch sind, ist kein Zufall. Der Professorenkatalog ist ein weiterer Baustein zur (kollektiv-)biographischen Auseinandersetzung an der Hamburger Universität – abseits des Schwarz-Weiß-Denkens und der Grundlagenforschung verpflichtet.

---

chen auf der Akademischen Gedenkfeier am 11. Mai 1999. (Hamburger Universitätsreden, Neue Folge, Bd. 1) Hamburg 1999, 7–9, hier 7.

Der Catalogus Professorum Hamburgensium 99

Anhang: Konzept der Einträge im Catalogus Professorum Hamburgensium

(*kursiv*=optional)

Name, ggf. Geburtsname	Vorname(n)		
Geschlecht			
Akad. Titel			
Zeitraum	Art	Fachgebiet der Professur in HH	*Vorgänger Nachfolger*
Zeitraum	Fakultät/Fachbereich o.ä.		
Zeitraum	*Institut/Seminar/Klinik*		
Fachgebietsklassifikation			
Geboren am (ggf. nur Geburtsjahr)	*in*		
Gestorben am	*in*		
Religionszugehörigkeit			
Zeitraum	*Professur/Dozentur in einer der Hamburger Vorgängerinstitutionen*		
Zeitraum	*Tätigkeit in akad. SV in HH (Rektor, Dekan, Direktor)*		
Homepage			
GND			
Manuelle Verknüpfungen			
Bearbeitungshinweise (erstellt am, von)			
Empfohlene Zitierweise			

Steffen Eggebrecht

Zeitzeugen im Gespräch:
Die Verwaltung der Universität Rostock

„Liebe Studis", mit diesen Worten begrüßte Professor Krüger die studentischen Zuhörer regelmäßig zu Beginn seiner Veranstaltungen. So auch vor vier Jahren im Seminar „Die Universität Rostock in Geschichte und Gegenwart". Darin berichteten Zeitzeugen aus der Verwaltung der Universität Rostock. Dass ich nun nach vier Jahren selbst als Zeitzeuge hier stehe, um über ein Zeitzeugenseminar zu berichten, ist eine besondere Rolle für mich, vor allem, weil ich nicht angenommen habe, dass ich diese so früh in meinem Leben einnehmen werde.

Das Seminar legte den Fokus auf die Verwaltung der Universität Rostock, denn ohne sie wäre die Hochschulerneuerung seit 1990 sicher nicht durchführbar gewesen – und dies soll im Verlauf des Vortrags deutlich werden. Im Zeitzeugenseminar wurden verschiedene Bereiche aus der Hochschulverwaltung betrachtet. Dazu zählten der Kanzler beziehungsweise die Kanzlerin als Chef der Verwaltung, das Rektorat, das Akademische Auslandsamt, die Universitätsbibliothek sowie die einzelnen Dezernate. Zu jedem Verwaltungsbereich sprach im Seminar mindestens ein Vertreter.

Dem Vortrag des jeweiligen Zeitzeugens schloss sich eine Diskussion mit dem studentischen Plenum an. Der gesamte Seminarverlauf wurde auf Tonband aufgenommen und die Aufnahmen anschließend von einer Gruppe von Studierenden transkribiert. Hinzu kam ergänzendes Material von den Zeitzeugen selbst wie Protokolle, Bilder oder Aktenseiten.

Aus diesem Seminar heraus entstand die Publikation „Universitätsgeschichte und Zeitzeugen: Die Verwaltung der Universität Rostock und Nachträge"[1], die in der Reihe „Rostocker Studien zur Universitätsgeschichte" erschien. Die Gespräche sowie das zusammengetragene Material sind so umfangreich, dass daraus zwei Teilbände mit fast 700 Seiten entstanden.

Wie bereits erwähnt, wurden im Seminar sowie in der Publikation unterschiedliche Aspekte und Entwicklungen der Verwaltung der Universität dargestellt. Aus aktuellem Anlass möchte ich zum 25-jährigen Jubiläum des Mauer-

---

[1] *Kersten Krüger* (Hrsg.), Universitätsgeschichte und Zeitzeugen: Die Verwaltung der Universität Rostock und Nachträge (Universität Rostock Rostocker Studien zur Universitätsgeschichte, Bd.15). Rostock 2011.

falls den Schwerpunkt meines Vortrags auf die Wendezeit legen. Betrachtet werden vor allem der personelle Umbruch an der Hochschule und die damit einhergehende Überprüfung sämtlicher wissenschaftlicher wie nichtwissenschaftlicher Mitarbeiter. Ergänzt wird dies durch die persönliche Wahrnehmung der Ereignisse von zwei Zeitzeugen, die im Seminar zu Gast waren.

Zuerst befasse ich mich mit dem personellen Umbruch an der Hochschule. Diesen Teil möchte ich mit einem Zitat aus der Einleitung der Publikation „Die Universität Rostock zwischen Sozialismus und Hochschulerneuerung" beginnen:

> „Die Hochschulerneuerung brachte einerseits den bisweilen rauschhaft erlebten Aufbruch in die Freiheit von Forschung und Lehre, andererseits die harte Realität von Personalabbau bei steigenden Studierendenzahlen und Einsparzwängen."[2]

Kurz ein paar Zahlen zum damaligen Personalabbau: Ohne die Medizin arbeiteten an der Universität Rostock im wissenschaftlichen sowie nichtwissenschaftlichen Bereich Ende 1991 knapp 3 100 Mitarbeiter. Im Jahr 1993 waren es nur noch etwa 2 000 Mitarbeiter – rund 1 100 weniger innerhalb von zwei Jahren. Dieser Personalabbau war vor allem bedingt durch den Hochschulentwicklungsplan der Landesregierung aus dem Jahr 1992. Statt des Ziels, die beiden Hochschulen in Rostock und Greifswald zu Voll-Universitäten auszubauen, sollten die Hochschulen nun Personal abbauen, was drastische Kürzungen zur Folge hatte.

Hinzu kam eine Vorgabe vom Wissenschaftsrat, dass alle Mitarbeiter der Universität Rostock „unbelastete Mitarbeiter" sein sollten – dies bezog sich auf eine etwaige Tätigkeit für das Ministerium für Staatssicherheit. Um diese zwei Ziele zu erfüllen, gab es an der Universität Rostock ein dreistufiges Verfahren: das Ehrenverfahren, das Übernahmeverfahren und das Kündigungsverfahren.

Die Ehrenkommission musste das Verhalten aller hauptberuflichen Universitätsmitarbeiter zu DDR-Zeiten beurteilen. Dies umfasste auch die Arten und Weisen möglicher Zusammenarbeit mit der Staatssicherheit. Anschließend wurde vom Bundesbeauftragen für die Unterlagen der Staatssicherheit (kurz: Gauck-Behörde) ein „Gauck-Bescheid" eingeholt. Durch die Einsicht in die

---

[2] *Kersten Krüger* (Hrsg.), Die Universität Rostock zwischen Sozialismus und Hochschulerneuerung. Zeitzeugen berichten (Universität Rostock Rostocker Studien zur Universitätsgeschichte). Rostock 2007, 9.

ehemaligen Stasi-Akten sollte überprüft werden, ob eine Zusammenarbeit des jeweiligen Mitarbeiters mit der Stasi vorhanden war wie sie ausgestaltet war.

Die zunächst aus elf Mitgliedern bestehende Kommission wurde kurze Zeit später aufgrund der Fülle an Arbeit personell aufgestockt. Die Mitglieder kamen aus allen Bereichen der Hochschule. Zudem zählten ebenfalls westdeutsche Juristen dazu. Bis zum Jahr 1995 wurden insgesamt 6.200 Verfahren abgeschlossen, kein Fehlverhalten wurde bei über 88 Prozent der Mitarbeiter festgestellt. Im Zuge der Hochschulerneuerung wurden an der Universität Rostock sämtliche Stellen neu ausgeschrieben, auf die sich alle bisher Beschäftigten bewerben sollten. Durch die Vorgabe, das Personal zu reduzieren, gab es somit mehr Bewerber als freie Stellen.

An das eben beschriebene Ehren- schloss sich das Übernahmeverfahren an. Die dazu eingerichteten Übernahmekommissionen, die an die jeweiligen Fachbereiche angegliedert waren, mussten die fachlichen Fähigkeiten der Bewerber bewerten. Aufgrund des Zeitdrucks und der Menge an Ausschreibungen, begann das Übernahmeverfahren, obwohl die Bescheide aus der Gauck-Behörde teilweise noch nicht eingetroffen waren. Sagten die Bescheide der Behörde aus, dass ein Mitarbeiter seine Tätigkeit für die Stasi vor der Ehrenkommission oder seinem Arbeitgeber verschwiegen hatte, konnte es zu „personenbedingten" oder „verhaltensbedingten Kündigungen" kommen – somit war diese Person für den öffentlichen Dienst an der Universität Rostock nicht mehr geeignet.

Hierfür waren Einzelfallprüfungen erforderlich. Bei der Bewertung wurden ebenfalls das Ausmaß der Stasi-Tätigkeit sowie die zeitliche Distanz der Verfehlung berücksichtigt. Dabei musste nach Aspekten der Verhältnismäßigkeit beurteilt werden. Folgendes Beispiel soll dies verdeutlichen: Ein Universitätsmitarbeiter, der zu DDR-Zeiten persönliche Berichte an die Staatssicherheit gab und dies in der Ehrenkommission offenbarte, konnte seinen Arbeitsplatz behalten, während ein Mitarbeiter, der eine Wohnung von der Staatssicherheit zur Verfügung gestellt bekam, dies aber verschwieg, gekündigt wurde.

Nachdem die ersten beiden Verfahren durchlaufen waren, wurden Kündigungen entweder wegen „Nichtbedarfs" ausgesprochen oder weil das Ziel des Wissenschaftsrats nicht erfüllt wurde, da die Mitarbeiter „belastet" waren. Was für ein Kraftakt dies war, wird dadurch deutlich, dass die Übernahme- sowie die Kündigungsverfahren für über 3 000 Beschäftigte zwischen Juni und September 1992 stattfanden – innerhalb von nur vier Monaten.

Nach der Darstellung des Verwaltungsablauf dieser personellen Wende soll nun die persönliche Wahrnehmung von zwei Zeitzeugen wiedergeben werden. Zuerst befasse ich mich mit Wolfgang Peters.[3] Er begann 1970 sein Mathematik-Studium an der Universität Rostock und war darauf in verschiedenen Funktionen an der Hochschule tätig. Peters schilderte im Zeitzeugengespräch sehr persönliche Eindrücke seiner Zeit als Student und wissenschaftlicher Mitarbeiter.

Nach dem Mauerfall wurde Peters 1991 persönlicher Referent des Rektors. Zudem war er Mitglied der Ehrenkommission. Peters beschrieb die Kommissionstätigkeit als äußerst belastend, da zum Teil erschütternde Schicksale zutage kamen. Laut Peters mussten die westdeutschen Juristen in der Ehrenkommission sogar zum Teil dafür sorgen, dass die Emotionen nicht zu sehr hochkochten. Im Zeitzeugenseminar fragte ein Student, ob Peters mit der Arbeit der Ehrenkommission zufrieden gewesen sei? Peters erwiderte, dass das Verfahren für die Zeit und die vorhandenen Mittel der richtige Weg gewesen sei, um Gerechtigkeit walten zu lassen.

Neben den Kommissionsmitgliedern war es aber auch für die Mitarbeiter eine Zeit der Anspannung. Peters schilderte, dass es ehemalige inoffizielle Mitarbeiter gab, die ehrlich über ihre Zusammenarbeit mit der Staatssicherheit berichteten und es als Erleichterungen empfanden, dass diese Zeit nun vorbei war. An Peters Schilderungen haben wir Studierende erleben können, wie emotional aufgeladen diese Zeit des Umbruchs an der Universität gewesen sein muss.

Als zweiten Zeitzeugen möchte ich auf Andreas Tesche eingehen.[4] Tesche wuchs in Braunschweig in Niedersachsen auf und wechselte zum Jahresbeginn 1992 an die Universität Rostock. Nach sechs Monaten an der Hochschule wurde er Personalleiter. Während Wolfgang Peters in der Ehrenkommission tätig war, war Andreas Tesche in seiner Funktion mit den Übernahme- und Kündigungsverfahren befasst. Im Zeitzeugengespräch schilderte Tesche, wie er die Fälle nicht stupide abarbeitete, sondern ihn die Entscheidungen auch persönlich forderten und beschäftigten. Und dies obwohl Tesche als Westdeutscher neu an der Hochschule war und im Gegensatz zu Peters kaum eine längere persönliche Verbindung zu den Mitarbeitern hatte.

---

[3] Ausführlich dazu: *Krüger*: Universitätsgeschichte und Zeitzeugen: Die Verwaltung der Universität Rostock und Nachträge, 11–79.

[4] Ausführlich dazu: Ebd. 587–616.

Tesche durchlief als Westdeutscher selbst das Ehrenverfahren mit „Gauck-Bescheid" und überzeugte sogar persönlich weitere Kollegen aus Westdeutschland an der Hochschule, dieses Verfahren ebenfalls zu durchlaufen. Nach innen kann dies als deutliches Zeichen einerseits für eine höhere Akzeptanz des Verfahrens selbst sowie andererseits für eine höhere Akzeptanz der neuen westdeutschen Kollegen gewertet werden.

Zum Abschluss möchte ich kurz darstellen, wie diese Zeitzeugengespräche auf mich als Student gewirkt haben. Sie wissen ja, mit der Zeit verblasst die Erinnerung. Aber meine Erinnerung an die Seminare von Professor Krüger sind in all der Zeit lebendig geblieben. Professor Krüger begegnete uns Studierenden stets auf Augenhöhe. Dies zeigte der Ansatz des Zeitzeugen-Seminars selbst, der die Einheit von Forschung und Lehre optimal verfolgte. Wir waren als Studierende nicht nur Zuhörer, sondern wissenschaftliche Gestalter. Unsere Diskussionen mit den Zeitzeugen waren erkenntnisreicher als so manches Vier-Augen-Interview. Durch unsere Fragen wurden stets unterschiedliche Facetten angesprochen, die zu einer tiefergehenden Erkenntnis beitrugen und den Vortrag der Zeitzeugen optimal ergänzten. Dieser Erkenntnisgewinn ist ebenfalls der durchdachten Auswahl der Zeitzeugen zu verdanken, die zum Teil sehr private Einblicke gewährten und sehr eindrucksvoll ihr persönliches Erleben des Umbruchs an der Universität Rostock schilderten.

Professor Krüger bewies, dass die Lehrtätigkeit für ihn nicht nur Beruf, sondern eine Berufung ist. Durch seine Art der Lehre schaffte er es, die Bedürfnisse und Interessen der Studiereden vollends zu erfassen. Diese Voraussetzungen waren für mich als Student stets motivierender als irgendwelche Leistungsscheine oder ECTS-Punkte. Erst durch Professor Krügers unermüdliches Engagement in der Lehre kam die Idee zu einem Artikel über pensionierte Professoren in der Lehre auf, der mit dem Titel „Ruhelos am Lehrerpult" 2011 in der Frankfurter Allgemeine Zeitung erschien.

Nach dieser kurzen Rückschau möchte ich mich zum Abschluss persönlich an Sie, Herr Professor Krüger, wenden. Ich freue mich sehr, hier an dieser Stelle Ihnen vielmals für diese sehr lehrreiche und erfüllende Studienzeit zu danken, die Sie mir mit Ihrem Wirken ermöglicht haben und die mich bis heute prägt.

Günther Wildenhain

Reminiszenz an die Wendezeit
Kersten Krüger – ein motivierender Gesprächspartner

Am 7. Oktober dieses Jahres habe ich in Kühlungsborn auf der jährlich stattfindenden Herbsttagung des Verbandes Ehemaliger Rostocker Studenten (des sogenannten VERS) einen Vortrag gehalten zum Thema „Die Universität Rostock vor und nach der Wende".

Natürlich will ich diesen Vortrag hier nicht wiederholen – auch nicht in Teilen. Das inhaltliche Anliegen steht aber dem heutigen durchaus nahe. Es liegt mir, je mehr Abstand ich zu den damaligen Ereignissen bekomme, immer mehr am Herzen, über diese Dinge nachzudenken und zu reden, denn ich stelle immer wieder fest, dass Vieles vergessen ist, falsch dargestellt und interpretiert wird.

Ich unterstelle einmal, dass ich in dieser Hinsicht mit Kersten Krüger auf gleicher Wellenlänge bin.

Man denke etwa an seine großartige Initiative um die Zeitzeugenberichte. Dieser Vortrag ist gewissermaßen eine Ergänzung und Vertiefung meines Zeitzeugeninterviews. Ich werde auf einige persönliche Dinge eingehen, über die ich sonst nicht spreche. Doch dazu später.

Ich möchte nicht in meinem Beitrag über hochschulpolitische Beschlüsse und Entscheidungen informieren, sondern mich mehr zu personellen und persönlichen Dingen äußern.

In der Wendezeit war ich als Hochschulabteilungsleiter im Schweriner Kultusministerium in Mitverantwortung für die Hochschulerneuerung in Mecklenburg-Vorpommern. Auch Kersten Krüger war damals in spezieller Verantwortung mittendrin. So haben wir uns kennen gelernt und es entwickelte sich ein freundschaftliches Verhältnis, was heute noch, wie ich meine, in ungetrübter Weise fortbesteht.

Doch wie kam ich eigentlich als ein leidenschaftlich der Wissenschaft verbundener ostdeutscher Mathematiker in eine solche Position? Dazu muss ich etwas sagen.

Natürlich war ich weder mit juristischen noch mit größeren hochschulpolitischen Kompetenzen gesegnet. Die Euphorie der Wendezeit hatte aber auch mich erfasst. Inspiriert durch gewisse Erfahrungen der Familie und der Verwandtschaft mit dem SED-Regime und ermuntert durch meine Frau, habe ich zum Beispiel regelmäßig an den Donnerstags-Demonstrationen teilgenommen und mich aktiv im Deutschen Hochschulverband (DHV) engagiert. Am 9. Oktober 1990 wurde ich zum Landesvorsitzenden des DHV gewählt. In dieser Funktion hatte ich dann schnell viele Kontakte zum Kultusstaatssekretär Thomas de Maizière und dem Ministerpräsidenten Gomolka. Nach der Regierungsbildung habe ich auch sofort Kontakt aufgenommen zum ersten Hochschulabteilungsleiter im Kultusministerium. Das war ein gewisser Professor Moldt aus Augsburg, vom Fach her Psychologe.

Als DHV haben wir damals Stellung bezogen zu den nach dem Einigungsvertrag anstehenden Abwicklungsentscheidungen und zur Erarbeitung des Hochschulerneuerungsgesetzes (HEG). Zu Beginn des Jahres 1991 geschah dann Folgendes. Der sogenannte Professor Moldt entpuppte sich als Hochstapler.

Er war nämlich gar kein Professor, obwohl er alle seine Briefe mit diesem Titel unterschreiben ließ. Außerdem hatte er sich bei den Hochschulen und Universitäten ohnehin sowohl durch sein inkompetentes als auch sein arrogantes Auftreten unbeliebt gemacht. Der Fall wirbelte jedenfalls Staub auf. Schließlich trat Herr Dr. Moldt im Februar 1991 zurück. Im März erschien übrigens darüber auch ein größerer Artikel im Spiegel.

Man entschied daraufhin in Schwerin, dieses Amt einem ostdeutschen Wissenschaftler anzubieten. Und so machte Thomas de Maizière mir dieses Angebot. Ich äußerte natürlich meine Bedenken wegen meiner nicht vorhandenen Erfahrung und insbesondere meiner fehlenden juristischen Kompetenz. De Maizière wischte meine Einwände aber sofort vom Tisch mit dem Hinweis: „Juristen haben wir hier genug. Wir brauchen Ihre Insider-Kenntnisse."

So habe ich also mit viel Elan und gutem Willen, aber ziemlich ahnungslos, was da auf mich zukommt, zugestimmt. Am 18. März 1991 trat ich mein Amt an. Ich wollte kein Politiker werden, sondern Mathematiker bleiben. Daher war meine Bedingung von Anfang an, an dem 3-stufigen Personalverfahren (Ehren-, Überleitungs- und Übernahmeverfahren) teilzunehmen und dann gegebenenfalls nach spätestens drei Jahren wieder an die Universität zurückzukehren.

So ist es dann auch gelaufen – zur Enttäuschung von Herrn de Maizière, nach dessen Wunsch ich hätte bleiben sollen.

Die Tätigkeit in Schwerin war abenteuerlich und aufregend, fast drei Jahre an der Grenze der physischen und psychischen Belastbarkeit, stets unter Druck und zeitweise üblen Intrigen ausgesetzt. Damals war das für mich kein Spaß – heute kann ich aber unbefangen darüber reden. Über eine dieser Intrigen will ich berichten.

Ich habe die Tätigkeit in Schwerin zunächst nur auf meiner Rostocker Professorenstelle provisorisch wahrgenommen. Im Herbst 1991 war schließlich die Ernennung zum Ministerialdirigenten und damit auch stellentechnisch die

Übernahme ins Kultusministerium vorgesehen. Das musste durch Kabinettsbeschluss geschehen. Dazu gab es für die Kabinettssitzung am 26. November 1991 für Tagungsordnungspunkt 21 eine Kabinettsvorlage.
Aber: Es gab in der Landesregierung ein Ehepaar, dem dieser Vorgang nicht passte. Die Frau war bei mir in der Abteilung Referatsleiterin für Strukturfragen. Sie wäre sehr gern selbst Abteilungsleiterin geworden. Da es nicht geklappt hatte, spekulierte sie wenigstens auf die Stellvertreter-Position. Nachdem durchgesickert war, dass ich dieses Amt meinem späteren Nachfolger, Herrn Fischer, angeboten hatte, brach zwischen uns der offene Krieg aus. Ich muss dazu sagen, dass die Dame großen Einfluss auf den damaligen Minister Oswald Wutzke hatte. Außerdem war ihr Mann stellvertretender Chef der Staatskanzlei mit einem entsprechenden Einfluss auf den Ministerpräsidenten.

Dieser Herr schrieb nun einen Brief an den Ministerpräsidenten, der mir im Nachhinein unter strengster Vertraulichkeit zugespielt wurde. Ich habe diesen Brief noch und möchte daraus zitieren:

„Darüber hinaus wurde der Staatskanzlei bekannt: Zurzeit gibt es erhebliche Irritationen im Verhältnis zwischen dem Kultusminister und Herrn Prof. Dr. Wildenhain. Diese gründen vor allem in der Politik gegenüber der Universität Rostock. Hier tritt Prof. Wildenhain dem Vernehmen nach mehr als Anwalt der Universität Rostock denn als loyaler Vertreter der Politik des Kultusministeriums auf. Aus diesem Grunde ist nicht auszuschließen, dass der Kultusminister ohne weitere Begründung diese Kabinettsvorlage zurückziehen wird. Für diesen Fall empfehle ich, diesem Wunsch des Kultusministers ohne weitere Debatte zu folgen."

Diesen Brief bekam also Herr Gomolka auf den Tisch. Er konnte damit nichts anfangen, denn er hatte mit mir bisher keine Probleme gehabt. Er setzte den Tagungsordnungspunkt aber erst einmal ab und ließ recherchieren. Meine Ernennung erfolgte dann auf der nächsten Kabinettssitzung.

In der Zwischenzeit hatte Herr de Maizière die Hintergründe aufgeklärt. Minister Wutzke besaß offenbar auch nicht die Courage, die Kabinettsvorlage zurückzuziehen.

Mich hat das alles ziemlich mitgenommen. Ich habe ernsthaft erwogen, sofort wieder an die Universität zurück zu gehen. Auch das hat de Maizière verhindert. Ich habe noch seine Bitte in Erinnerung: „Halten Sie durch. Sie haben meine volle Rückendeckung. Wir beide sind wichtiger als der Minister."

Ich habe also durchgehalten und es nicht bereut. Der ganze Spuk wurde schließlich im Frühjahr 1992 abrupt beendet und zwar in der Folge des Rücktritts von Ministerpräsident Gomolka und gleichzeitig von Kultusminister Wutzke. Auslöser dafür war die sogenannte Vulkan-Affäre.

Besagte Dame versuchte noch, im Zuge dieses Geschehens für sich einen lukrativen Arbeitsvertrag herauszuschlagen – und zwar mit einer eklatanten Urkundenfälschung.

De Maizière erkannte den Schwindel sofort, und sie wurde fristlos entlassen. Fluchtartig verließ sie das Ministerium, ohne auch nur ihren Schreibtisch aufzuräumen. Sie ward nie mehr gesehen, bis heute nicht! Ihr Ehemann in der Staatskanzlei wurde in das Innenministerium versetzt, wo seine Tätigkeit wegen unsauberer Machenschaften in jahrelangen Gerichtsprozessen endete.

Nach dem Rücktritt von Minister Wutzke bot man das Amt Herrn de Maizière an. Der lehnte aber ab mit der Begründung, er wolle seine weitere Karriere nicht „mit dem Anschein des Vorwurfs eines Königsmordes" belasten. Er erbat sich aber das Vorschlagsrecht für die Wutzke-Nachfolge.

Sein *erster* Vorschlag war Hanna-Renata Laurin aus Berlin, die jedoch leider absagte. Sein zweiter Vorschlag war Steffie Schnoor, bis dahin Staatssekretärin im Berliner Wissenschaftssenat.

Mit der Berufung von Frau Schnoor änderte sich die Atmosphäre im Kultusministerium schlagartig. Es entwickelte sich eine hervorragende Zusammenarbeit – nicht nur mit dem Staatssekretär, sondern auch mit der Ministerin. Die Arbeit war jetzt zwar nicht weniger hart, aber menschlich sehr angenehm!

Der entscheidende Wesenszug meiner Tätigkeit in Schwerin war, viele Gespräche zu führen, um Verständnis für anstehende, schwierige Entscheidungen zu werben und solche Entscheidungen vorzubereiten.

Ich saß gelegentlich zwischen allen Stühlen. Vor allem hatte mancher in Rostock völlig überzogene Erwartungen an mich. Das, was man mir in dem vorhin zitierten Brief von besagtem Ehepaar unterstellte, erwartete man in Rostock ja tatsächlich von mir.

Andererseits gab es die Konkurrenz zwischen Rostock und Greifswald. Das war ein lange schwelender Konflikt. Mein Wechsel ins Ministerium wurde in Greifswald mit Empörung und großem Misstrauen aufgenommen. Man vermutete auch dort sofort einen Rostocker Lobbyisten im Kultusministerium. Daher galt meine erste Dienstreise im Frühjahr 1991 auch der Universität Greifswald. Einen ganzen Tag habe ich dort verbracht. Man führte mir die Universität mit allen aktuellen Sorgen und Problemen vor. Die Gastfreundschaft war beeindruckend. Als wir uns verabschiedeten, glaubte ich, das Eis sei gebrochen. Doch ich irrte. Die Spannungen und das Misstrauen blieben noch lange. Am Ende entwickelte sich aber dann doch ein fast freundschaftliches Verhältnis zum Greifswalder Rektor Zobel.

Die erste Aufgabe, die mir zu Beginn meiner Schweriner Zeit zugewiesen wurde, war die Vorbereitung einer Kabinettsvorlage für die Neustrukturierung der Universitäten, Hochschulen und außeruniversitären Forschungseinrichtungen in Mecklenburg-Vorpommern. Ohne eine endlose Kette von Gesprächen und Diskussionen mit den Kolleginnen und Kollegen der Hochschulabteilung, in erster Linie natürlich mit dem Staatssekretär Thomas de Maizière, den Kollegen im Finanzministerium, Abgeordneten aus dem Landtag und – das war natürlich besonders wichtig – zahlreichen Kollegen der Universitäten und Hochschulen, hätte ich diese Aufgabe nie bewältigen können. Diese Gespräche waren eine hohe Schule der Menschenkenntnis.

Ein Beispiel: Im Verlauf des Jahres 1992 wurden durch die Arbeit der Gauck-Behörde immer wieder Stasi-Informanten enttarnt. Da kam es oft vor, dass diese um ein Gespräch bei der Ministerin baten, um zu erklären, dass sie natürlich Niemandem geschadet haben oder dass alles nur ein großes Missverständnis sei.

Da Frau Schnoor die DDR nicht erlebt hatte, beauftragte sie mich mit dieser heiklen Aufgabe. Die Charaktere dieser informellen Mitarbeiter waren sehr weit gestreut. Es gab diejenigen, die sich herausreden und ihr offenkundiges Fehlverhalten verschleiern wollten sowie jede Schuld von sich wiesen.
Es gab Einsichtige und es gab wirklich tragische Schicksale. Für mich waren diese Gespräche eine wichtige Lebenserfahrung.

Es gab aber darüber hinaus sehr viel mehr Gesprächsbedarf, den ich abzudecken hatte. Entsprechend breit gefächert war der Kreis der Gesprächspartner aus Ost und West.

Es gab ostdeutsche Kollegen, die konsequent und zielstrebig ihre eigenen Interessen vertraten und wenig Bereitschaft erkennen ließen, die Besonderheiten und die Spezifika einer bundesdeutschen Universität zu verstehen.

Es gab aber auch diejenigen, die alles verteufelten, was es hier im Osten gegeben hat und denen die Anpassung an das bundesdeutsche Hochschulsystem gar nicht schnell genug gehen konnte.

Von westlicher Seite begegneten uns Heilsbringer, vor denen an den ostdeutschen Universitäten und Hochschulen natürlich nichts Bestand hatte und die selbstverständlich ganz genau wussten, in welche Richtung die Entwicklung gehen müsste. Was wir aber dringend brauchten, waren Gesprächspartner, die bereit waren, das ostdeutsche Hochschulsystem zu verstehen, die politisch bedingten Aspekte von den wissenschaftlichen und menschlichen Komponenten zu trennen und die uns das westdeutsche System mit seinen Stärken, aber auch Schwächen vor Augen führen konnten, um dadurch mit uns gemeinsam für dieses Land und insbesondere für diese Universität zukunftsträchtige Lösungen zu finden.

Es gab weder für die deutsche Wiedervereinigung im Großen, noch für die Zusammenführung zweier ganz unterschiedlicher Hochschulsysteme irgendwelche historischen Vorbilder. Es war ein Glücksfall – anders kann ich es nicht nennen – dass wir in Schwerin Gesprächspartner hatten, die wir brauchten, um bei allen Problemen und natürlich auch Fehlern, die passiert sind, eine letztlich erfolgreiche Hochschullandschaft gestalten zu können.

Jetzt möchte ich konkreter werden und über Namen sprechen. Der entscheidende Mann im Prozess der Hochschulerneuerung – das kann man nach meinen bisherigen Ausführungen schon vermuten – war der Kultusstaatssekretär Thomas de Maizière.

Er hatte die Fäden in der Hand und den Überblick über das Geschehen. Er hatte Vorstellungen, in welche Richtung die Entwicklung gehen sollte, und – besonders wichtig – er hatte eine gute Antenne für die Befindlichkeiten der ostdeutschen Wissenschaftler. Er zeigte sich allen Vorschlägen und Empfehlungen zugänglich. Er hatte auch ein gesundes Gefühl für die Bestrebungen alter SED-Seilschaften, ihre Klientel zu beschützen und reinzuwaschen und Fehlentwicklungen der Hochschulpolitik der DDR zu beschönigen.

Kurzum: Thomas de Maizière hatte das nötige Fingerspitzengefühl, das es ihm ermöglichte, ohne das Kind mit dem Bade auszuschütten, maßgeblich die Neugestaltung der Hochschullandschaft verantwortlich mitzugestalten sowie für diesen Prozess die erneuerungsfähigen und erneuerungswilligen Kräfte des Landes zu motivieren und mit den Helfern aus dem Westen zusammenzuführen.

Falls Personen in verantwortungsvoller Position eine vernünftige und konstruktive Grundeinstellung haben, so wirkt sich das in der Regel auch auf die Auswahl des für die Bewältigung der anstehenden Aufgaben eingestellten Personals aus. Das galt auch für die Besetzung der Berater-Funktionen im Kultusministerium. Diese war exzellent. Es handelte sich hier um hochkarätige Verwaltungsjuristen, die zum großen Teil bereits im Ruhestand waren, die in der Regel verwandtschaftliche oder herkunftsmäßige Bindungen zu unserem Land hatten und die einfach helfen wollten, ohne selbst Ämter anzustreben.

Die Handlungsmaxime war: Welches Ziel haben wir? Welchen juristisch gangbaren Weg können wir beschreiten, um zum Ziel zu kommen?

Ich nenne Ihnen einige Beispiele: Der langjährige Hochschulabteilungsleiter von Nordrheinwestfalen, Herr Scheven, hat unter anderem zu einem großen Teil die Mitglieder für die Überleitungskommission und die benötigten Gutachter sowie die Mitglieder für die Übernahmekommissionen zusammengestellt – und das mit einem einzigen in der Hochschulabteilung verfügbaren Telefon mit Westanschluss.

Herr Eberth, langjähriger Hochschulabteilungsleiter im Freistaat Bayern, hatte die Personalausstattung aller bayrischen Hochschulen im Kopf. Ich hatte zumindest diesen Eindruck.

Das half uns natürlich sehr bei der Schaffung unserer sogenannten Minimalausstattung, die sich aus heutiger Sicht teilweise aber sogar als üppig erweist.

Herr Dr. Giesecke, früher Ministerialdirigent am Bundesforschungsministerium in Bonn, beriet uns in Fragen der Forschungsförderung und beim Aufbau der Fachhochschulen. Um die außeruniversitären Forschungseinrichtungen gründen zu können, entwarf er „mal schnell über Weihnachten" die erforderlichen Rechtsverordnungen.

Herr Wahlers, ehemaliger Kanzler der Universität Bonn, war unsere „Allzweckwaffe". Herr Wiesner, abgeordneter Kanzler aus Regensburg, half bei der Bau- und Finanzplanung.

Ich nenne noch meinen späteren Nachfolger, Herrn Fischer, der sich u. a. Verdienste beim Aufbau der Studentenwerke erwarb.

Bei allen genannten Beispielen handelte es sich natürlich vor allem um juristische Beratung. Wir benötigten aber auch inhaltlich-fachliche Kompetenzen für den Neuaufbau, um das angestrebte fachliche und strukturelle Niveau zu gewährleisten, neu aufzubauen oder zu stabilisieren. Ursprünglich war dazu bereits im November 1990 die sogenannte Hochschulstrukturkommission berufen worden – und zwar mit „Professor" Moldt als Geschäftsführer.

Die Hochschulstrukturkommission hatte die Aufgabe, Empfehlungen für die Neugestaltung der Hochschulstruktur des Landes zu unterbreiten. Die Empfehlungen erwiesen sich aber sehr schnell als nur sehr begrenzt verwendbar. Sie waren sehr einseitig und sehr lückenhaft. Thomas de Maizière riss schließlich die Geduld, woraufhin er die Kommission kurzerhand auflösen ließ. Immerhin war auch Prof. Günter Krause, der spätere Bundesverkehrsminister, Mitglied dieser Kommission. In diesem Fall war also die Hoffnung auf kompetente Beratung komplett danebengegangen.

Es gab aber auch viele andere Beispiele. In Anbetracht der Arbeitsbelastung und der nebenbei zu erduldenden Intrigen – wie ich angedeutet habe – war es wohltuend, mit Wissenschaftlern wie Kersten Krüger sachlich, konstruktiv und vor allem aufrichtig über anstehende Probleme reden zu können.

Nach meinen Aufzeichnungen, die ich zu meiner Schweriner Tätigkeit besitze, habe ich Herrn Krüger am 10. Dezember 1991 in Schwerin in meinem Dienstzimmer mit dem schönen Blick auf den Schweriner See kennen gelernt.

Dort haben wir unser erstes Gespräch geführt. Ich habe übrigens alle meine Schweriner Gespräche persönlich protokolliert. Daher kann mich auch nach über 20 Jahren niemand hinters Licht führen.

Gesprächsthema mit Kersten Krüger war natürlich die Situation im Bereich Geschichte an der Universität Rostock. Dies war für die strukturelle und persönliche Neugestaltung naturgemäß ein besonders sensibler Bereich. Uns beiden war klar – auch mir als Mathematiker –, dass das Geschichtsbild, das in DDR-Zeiten an der Universität Rostock gelehrt wurde, nicht mehr zu vertreten und zu verantworten war. Es musste ein grundlegender Neuanfang erfolgen. Und ich war sehr froh darüber, dass hier ein kompetenter Fachmann aus Hamburg kam, der bereit war, uns dabei zu helfen.

Kersten Krüger bot uns eine Lehrtätigkeit für das Wintersemester 1992/1993 und für das Sommersemester 1993 an. Ich habe dieses Angebot sehr begrüßt und an den Rektor, Herrn Maeß, weiter geleitet. Herr Krüger brachte darüber hinaus eine Reihe westdeutscher Kollegen als Kandidaten für eine Lehrtätigkeit in Rostock ins Gespräch.

Ich glaube, wir spürten beide sehr bald, dass wir eine Antenne füreinander hatten. Ich erinnere mich auch, dass Herr Krüger später gern auf unsere Schweriner Gespräche zurückkam, und war stolz, wenn er mich als einen guten Freund bezeichnete.

Auch seinen Zuspruch zu meiner späteren Rektor-Kandidatur habe ich in guter Erinnerung, ebenso die aufrichtige und herzliche Gratulation zu meiner Wahl.

Während meiner Schweriner Zeit kristallisierte sich an der Universität Rostock ein Kreis von Vertrauenspersonen heraus, zu denen ich das Gespräch suchte, wenn es darum ging, strukturelle oder personelle Entscheidungen vorzubereiten. Das waren bzw. sind Kollegen, mit denen ich unvoreingenommen, offen und vertrauensvoll über alles, auch über die heikelsten Themen reden konnte. Diesen Kollegen bin sehr zu Dank verpflichtet. Ohne diesen Personenkreis hätte ich meinem Amt in Schwerin nicht gerecht werden können. Einen Namen habe ich ja hier preisgegeben.

Ich denke, dass sich die gemeinsamen Beratungen und Gespräche mit Herrn Krüger durchaus positiv und fruchtbar auf den Neuaufbau des Institutes für Geschichte unserer Universität ausgewirkt haben. Inzwischen steht ja hier schon der nächste Generationswechsel an.

Ich möchte Herrn Krüger für sein erfolgreiches und außerordentlich verdienstvolles Wirken herzlichen Dank sagen. Auch wenn diese Auffassung sicher nicht von jedem geteilt wird, bin ich unbeirrt der Meinung, dass der personelle Erneuerungsprozess in unserem Bundesland und an unserer Universität und die sich darauf gründende Erneuerung der Hochschullandschaft eine politische Leistung von historischer Dimension war. Ich denke, die Universitäten, die Hochschulen und das Land können stolz darauf sein.

Über die Autoren

Werner Buchholz, geb. 1948, Studium der Geschichte, Skandinavistik, Germanistik und Romanistik 1970 bis 1978 in Bochum, Marburg, Stockholm, Åbo und Dijon, 1973 Kandidatexamen (HK) in Åbo (Turku)/Finnland (Geschichte, Skandinavistik), 1975 Erstes Staatsexamen für das Höhere Lehramt in Marburg, 1975/1976 Université de Dijon (Diplôme de Français), 1976–1978 Bilaterales Stipendium DAAD/Svenska Institutet zur Anfertigung der Dissertation im Reichsarchiv/Schwedisches Nationalarchiv in Stockholm, 1978 Promotion bei Gerhard Oestreich in Marburg, Thema der Dissertation: Staat und Ständegesellschaft in Schweden im Übergang vom Absolutismus zum Ständeparlamentarismus 1718-1730 (erschienen bei Almquist & Wiksell, Stockholm 1979), 1979 Zweites Staatsexamen für das Höhere Lehramt in Kassel (Deutsch/Geschichte), 1990 Habilitation an der Universität Hamburg (Thema der Habilitationsschrift: Öffentliche Finanzen und Finanzverwaltung im entwickelten frühmodernen Staat. Landesherr und Landstände in Schwedisch-Pommern 1720–1806 (Böhlau Verlag, Köln/Weimar/Wien 1992)), 1991–1994 Auswärtiger Dienst der BR Deutschland, Deutsche Schule Athen, 1994 Ruf an die Universität Greifswald.
Forschungsschwerpunkte: Reformation im Ostseeraum, Öffentliche Finanzen und Herrschaft in der Frühen Neuzeit, Ländliche Gesellschaft und bäuerliche Selbstbehauptung im Spätmittelalter im europäischen Vergleich.
Ausgewählte Publikationen: *Werner Buchholz*, Vom Adelsregiment zum Absolutismus. Finanzwirtschaft und Herrschaft in Schweden im 17. Jahrhundert. In: Peter Rauscher/Andrea Serles/Thomas Winkelbauer (Hrsg.), Das Blut des Staatskörpers. Forschungen zur Finanzgeschichte der Frühen Neuzeit (Historische Zeitschrift, Beihefte NF 56). München 2012. 129–181; *Werner Buchholz/Matthias Asche*, Die baltischen Lande im Zeitalter der Reformation und Konfessionalisierung. Livland, Estland, Ösel, Ingermanland, Kurland und Lettgallen. Stadt, Land und Konfession 1500–1721 (Katholisches Leben und Kirchenreform im Zeitalter der Glaubensspaltung 69–72). Münster 2009–2012; *Werner Buchholz*, Die Universität Greifswald und die deutsche Hochschullandschaft im 19. und 20. Jahrhundert (Pallas Athene. Beiträge zur Universitäts- und Wissenschaftsgeschichte 10). Stuttgart 2004; *Werner Buchholz*, Schweden mit Finnland (Geschichte der Reformation in Schweden und Finnland). In: Matthias Asche/Anton Schindling (Hrsg.), Dänemark, Norwegen und Schweden im Zeitalter der Reformation und Konfessionalisierung. Nordische Königreiche und Konfession 1500 bis 1660 (Katholisches Leben und Kirchenreform im Zeitalter der Glaubensspaltung 62). Münster 2003, 107–237; *Werner Buchholz*, Das Ende der Frühen Neuzeit im „Dritten Deutschland".

Bayern, Hannover, Mecklenburg, Pommern, das Rheinland und Sachsen im Vergleich (Historische Zeitschrift. Beihefte NF 37). München 2003; *Werner Buchholz*, Die Residenzen geistlicher Reichsfürsten im Norden des Sacrum Imperium Romanum zwischen Ausbau und Gefährdung 1500−1806. In: Wolfgang Wüst/Gerhard Ammerer/Ingonda Hannesschläger/Jan Paul Niederkorn (Hrsg.), Höfe und Residenzen geistlicher Fürsten. Strukturen, Regionen und Salzburgs Beispiel in Mittelalter und Neuzeit (Residenzenforschung 24). Ostfildern 2010, 303–343.

Steffen Eggebrecht, geb. 1984, 2005 bis 2011 Studium der Politikwissenschaften und Geschichte (Neuere Geschichte Europas) an der Universität Rostock, Abschluss als Magister, seit 2011 als Journalist und Dozent tätig.

Marian Füssel, geb. 1973, 1995 bis 2000 Studium der Neueren und Neuesten Geschichte, Philosophie und Soziologie an der Westfälischen-Wilhelms-Universität Münster, 2004 Promotion in Münster in Neuerer und Neuester Geschichte mit einer Dissertation zum Thema „Gelehrtenkultur als symbolische Praxis. Rang, Repräsentation und Konflikt an der Universität der Frühen Neuzeit", 2004–2008 wiss. Assistent (C1) am Historischen Seminar der WWU Münster, Lehrstuhl Geschichte der Frühen Neuzeit, 2008 Juniorprofessor für Kulturgeschichte an der Justus-Liebig-Universität Gießen, 2008–2010 Juniorprofessor an der Universität Göttingen, seit 2010 W3-Professor für Geschichte der Frühen Neuzeit unter besonderer Berücksichtigung der Wissenschaftsgeschichte an der Georg-August-Universität Göttingen.
Forschungsschwerpunkte: u. a. Universitäts-, Wissenschafts- und Wissensgeschichte; Geschichte von Krieg, Militär und Gewalt; symbolische Kommunikation; Historiographiegeschichte und Geschichtstheorie.
Ausgewählte Publikationen: *Marian Füssel*, Gelehrtenkultur als symbolische Praxis. Rang, Ritual und Konflikt an der Universität der Frühen Neuzeit. Darmstadt 2006; *Marian Füssel* (Hrsg.), Michel de Certeau. Geschichte – Kultur – Religion. Konstanz 2007; *Marian Füssel*, Der Siebenjährige Krieg. Ein Weltkrieg im 18. Jahrhundert. München 2010; *Marian Füssel/Michael Sikora* (Hrsg.), Unbeschreibliche Gewalt. Zur Kulturgeschichte der Schlacht von der Antike bis zur Moderne (Krieg in der Geschichte 78). Paderborn 2014; *Marian Füssel*, Waterloo 1815. München 2015.

Matthias Glasow, geb. 1978, Studium der Neueren Geschichte Europas, Germanistik und Politikwissenschaft an der Universität Rostock, 2008–2013 Mit-

arbeiter der Forschungsstelle Universitätsgeschichte Rostock, seit 2014 an der Arbeitsstelle für Universitätsgeschichte der Universität Hamburg.
Ausgewählte Publikationen: *Matthias Glasow/Karsten Labahn*, Der Catalogus Professorum Rostochiensium − Ein biografisches Informationssystem. In: Jahrbuch für Universitätsgeschichte 16 (2013). Stuttgart 2015, 201–214; *Matthias Glasow*, Die Durchführung der Dritten Hochschulreform an der Philosophischen Fakultät Rostocks. In: Jan Cölln/Franz-Josef Holznagel (Hrsg.), Positionen der Germanistik in der DDR. Personen – Forschungsfelder – Organisationsformen. Berlin/New York 2013, 542–567.

Angela Hartwig, geb. 1960, Geschichtsstudium an der Leipziger Universität, seit 1990 Mitarbeiterin im und ab 1992 Leiterin des Rostocker Universitätsarchivs, 2010 Promotion an der Philosophischen Fakultät der Universität Rostock zur Geschichte des Rostocker Universitätsarchivs.
Forschungsschwerpunkt: Universitätsgeschichte.
Ausgewählte Publikationen: *Angela Hartwig/Tilmann Schmidt* (Hrsg.), Die Rektoren der Universität Rostock: 1419−2000. Rostock 2000 (Beiträge zur Geschichte der Universität Rostock, Bd. 23); *Angela Hartwig/Ernst Münch*, Die Universität Rostock: Geschichte der „Leuchte des Nordens" in Bildern. Erfurt 2008; *Angela Hartwig*, Das Gedächtnis der Universität. Das Universitätsarchiv von 1870 bis 1990 (Rostocker Studien zur Universitätsgeschichte, Bd. 13). Rostock 2010; *Angela Hartwig/Bettina Kleinschmidt*, Bestandsübersicht des Universitätsarchivs Rostock (Rostocker Studien zur Universitätsgeschichte, Bd. 14). Rostock 2010; *Angela Hartwig/Ulrike Gebhardt*, Rostocker Rektoren im Spiegel der Kunst. Rostock 2011; *Angela Hartwig/Antje Strahl*, Die feierliche Aufnahme in die Universität – eine lebendige Rostocker Tradition! Rostock 2014.

Susi-Hilde Michael, geb. 1980, von 2001 bis 2008 Studium der Geschichte und Latinistik an der Philipps-Universität Marburg und an der Universität Rostock, 2006 Abschluss mit dem Grad des Bakkalaureus artium und 2008 mit der Graduierung zum Magister artium; Arbeitsaufenthalte am Pharmaziehistorischen Institut der Universität Marburg/L. und am Joseph Carlebach Institut der Bar Ilan Universität in Ramat Gan (Israel), 2008–2012 Promotionsstudentin am Historischen Institut der Universität Rostock, 2009–2012 gefördert durch ein Stipendium der Landesgraduiertenförderung Mecklenburg-Vorpommern, 2012 Promotion mit dem Thema: „Recht und Verfassung der Universität Rostock im Spiegel wesentlicher Rechtsquellen 1419–1563", 2012–2014 wissenschaftliche

Mitarbeiterin an der Universitätsbibliothek Rostock, seit Juli 2014 am Arbeitsbereich Geschichte der Medizin der Universität Rostock.
Forschungsschwerpunkte: Rechts- und Verfassungsgeschichte der Frühen Neuzeit; Universitäts- sowie Jüdische Geschichte.
Ausgewählte Publikationen: *Susi-Hilde Michael*, Der Katechismus des David Chytraeus. In: Der Rektor der Universität (Hrsg.), Traditio et Innovatio. Forschungsmagazin der Universität Rostock. Speicher des Wissens 444 Jahre Universitätsbibliothek Rostock. Rostock 2014, 73; *Susi-Hilde Michael*, Wesentliche normative Rechtsquellen der Universität Rostock. In: Gisela Boeck/Hans-Uwe Lammel, Von Rechtsquellen und Studentenverbindungen, Lateinamerikanistikpionieren und politisch Unangepassten. Facetten Rostocker Universitätsgeschichtsschreibung (1) (Rostocker Studien zur Universitätsgeschichte, Bd. 27). Rostock 2014; *Susi-Hilde Michael*, Recht und Verfassung der Universität Rostock im Spiegel wesentlicher Rechtsquellen 1419–1563. Teil 1: Darstellung (Rostocker Studien zur Universitätsgeschichte, Bd. 23). Rostock 2013 (Dissertationsschrift); *Susi-Hilde Michael*, Recht und Verfassung der Universität Rostock im Spiegel wesentlicher Rechtsquellen 1419–1563. Teil 2: Quellen (Rostocker Studien zur Universitätsgeschichte, Bd. 24). Rostock 2013 (Dissertationsschrift); *Susi-Hilde Michael*, Das Leben der Hamburger und Altonaer Juden unter dem Hakenkreuz. Anhand ausgewählter Briefe des Dr. Joseph Carlebach. Münster 2009; *Susi-Hilde Michael*, Antijüdische Aussagen im 5. Buch der Historien des P. Cornelius Tacitus. München 2007.

Ernst Münch, geb. 1952, Studium der Geschichte an der Universität Rostock und der Lomonossow-Universität Moskau, 1980 Promotion an der Universität Rostock (Thema: Agrargeschichte Altbayerns 12.–14. Jahrhundert), 1987 Promotion B an der Universität Rostock (Thema: Agrargeschichte Mecklenburgs 12.–14. Jahrhundert), 1988–1992 stellv. Direktor bzw. Fachbereichssprecher Geschichte, seit 1998 Professor für mittelalterliche Geschichte und mecklenburgische Landesgeschichte, seit 2011 Vorsitzender der Historischen Kommission für Mecklenburg, seit 2014 Vorsitzender des Vereins für Rostocker Geschichte.
Ausgewählte Publikationen: *Ernst Münch*, Das Rostocker Grundregister (1600–1820). Rostock 1998/99; *Ernst Münch*, Toitenwinkel und Rostock. Zur Geschichte einer Haßliebe. Schwerin 2002; *Ernst Münch*, Das Wismarer Grundbuch (1677/80–1838). Rostock 2002/04; *Ernst Münch/Ralf Mulsow*, Das alte Rostock und seine Straßen. 2. Aufl. Rostock 2010; *Ernst Münch/Wolf Karge/Hartmut Schmied*, Die Geschichte Mecklenburgs. 5. Aufl. Rostock 2011.

Günther Wildenhain, geb. 1937, 1955 Abitur in Mittweida, 1955 bis 1960 Mathematikstudium an der TU Dresden mit dem Abschluss als Diplom-Mathematiker, 1960–1965 wissenschaftlicher Assistent am Institut für Reine Mathematik der TU Dresden, 1964 Promotion zum Dr. rer. nat. mit einer Arbeit zur Potentialtheorie elliptischer Differentialgleichungen beliebiger Ordnung; 1965–1971 wissenschaftlicher Oberassistent bzw. wissenschaftlicher Arbeitsleiter an der Forschungsgruppe Analysis des Instituts für Reine Mathematik der Deutschen Akademie der Wissenschaften in Berlin; 1968 Habilitation zum Dr. rer. nat. habil. an der TU Dresden, 1969/1970 6-monatiger Studienaufenthalt am Steklov-Institut in Moskau, 1971 Berufung zum Hochschuldozenten an die Sektion Mathematik der Universität Rostock, 1973 Berufung zum ordentlichen Professor für Analysis, Aufbau einer Forschungsgruppe „Potentialtheorie" in Rostock, intensive Vorlesungstätigkeit für Mathematik-, Physik- und Ingenieurstudenten, Gastvorlesungen in Lima, Peru (1974), Santa Clara, Kuba (1974, 1981, 1986, 1996), Prag (1983), Graz (1988), Kairo (1988) und Bremen (1990), Oktober 1990 Wahl zum Landesvorsitzenden des Deutschen Hochschulverbandes, Ausübung dieses Amtes von 1990–1991, 1994–1998 und seit 2002, 1990–1991 Sektionsdirektor der Sektion Mathematik der Universität Rostock, 1991–1993 Abteilungsleiter für Wissenschaft und Forschung im Kultusministerium des Landes Mecklenburg-Vorpommern, Ernennung zum Ministerialdirigenten, im Rahmen dieses Amtes Mitglied des Hochschulausschusses der Kultusministerkonferenz, der Bewilligungsausschüsse der Graduiertenkollegs und der Sonderforschungsbereiche der DFG und der Arbeitsgruppe Technische Fakultäten des Wissenschaftsrates, 1993 Vorsitzender des Gründungsausschusses der Hochschule für Musik und Theater Rostock, 1993 Berufung auf die C4-Professur für Partielle Differentialgleichungen an der Universität Rostock, 1994–1996 Fachbereichssprecher des Fachbereichs Mathematik der Universität Rostock, 1994–1995 Mitglied einer Arbeitsgruppe „Studienreform in Deutschland" des Stifterverbandes, 1995–1996 Mitglied einer Arbeitsgruppe „Studierfähigkeit" der Hochschulrektorenkonferenz, 1995–1999 Mitglied in der Jury und im Kuratorium des Bundeswettbewerbs Mathematik, 1996–1998 Dekan der Mathematisch-Naturwissenschaftlichen Fakultät, 1998–2002 Rektor der Universität Rostock, 1999–2001 Mitglied der Sächsischen Hochschulentwicklungskommission, 2004–2005 Präsident der Deutschen Mathematiker-Vereinigung, 2004–2005 Leitung der Evaluierungskommission „Mathematik" für die Universitäten Halle, Jena und Leipzig.
Publikation von etwa 80 wissenschaftlichen Arbeiten; 3 Bücher – erschienen im Akademie-Verlag Berlin und im Birkhäuser-Verlag Basel und Stuttgart;

darüber hinaus zahlreiche Vorträge auf nationalen und internationalen Konferenzen sowie Beiträge und Studien zur Hochschulpolitik.

Rostocker Studien zur Universitätsgeschichte

Band 1
Die Universität Rostock zwischen Sozialismus und Hochschulerneuerung.
Zeitzeugen berichten. Teil 1.
Herausgegeben von Kersten Krüger.
Rostock 2007.

Band 2
Die Universität Rostock zwischen Sozialismus und Hochschulerneuerung.
Zeitzeugen berichten. Teil 2.
Herausgegeben von Kersten Krüger.
Rostock 2008.

Band 3
Die Universität Rostock zwischen Sozialismus und Hochschulerneuerung.
Zeitzeugen berichten. Teil 3.
Herausgegeben von Kersten Krüger.
Rostock 2009.

Band 4
Martin Buchsteiner und Antje Strahl
Zwischen Monarchie und Moderne. Die 500-Jahrfeier der Universität Rostock 1919.
Rostock 2008.

Band 5
Kurt Ziegler
Zum 50-jährigen Bestehen der Tropenmedizin an der Universität Rostock.
Rostock 2008.

Band 6
Jobst D. Herzig und Catharina Trost
Die Universität Rostock 1945-1946. Entnazifizierung und Wiedereröffnung.
Herausgegeben von Kersten Krüger.
Rostock 2008.

Band 7
Anita Krätzner
Mauerbau und Wehrpflicht. Die politischen Diskussionen am Rostocker Germanistischen Institut in den Jahren 1961 und 1962.
Herausgegeben von Kersten Krüger.
Rostock 2009.

Band 8
Tochter oder Schwester – die Universität Greifswald aus Rostocker Sicht
Referate der interdisziplinären Ringvorlesung des Arbeitskreises „Rostocker Universitäts- und Wissenschaftsgeschichte" im Wintersemester 2006/07.
Herausgegeben von Hans-Uwe Lammel und Gisela Boeck.
Rostock 2010.

Band 9
Frauenstudium in Rostock: Berichte von und über Akademikerinnen.
Herausgegeben von Kersten Krüger.
Rostock 2010.

Band 10
Maik Landsmann
Die Universitätsparteileitung der Universität Rostock von 1946 bis zur Vorbereitung der Volkswahlen der DDR 1954.
Herausgegeben von Kersten Krüger.
Rostock 2010.

Band 11
Juliane Deinert
Die Studierenden der Universität Rostock im Dritten Reich.
Herausgegeben von Kersten Krüger.
Rostock 2010.

Band 12
Wissen im Wandel – Disziplinengeschichte im 19. Jahrhundert. Referate der interdisziplinären Ringvorlesung des Arbeitskreises „Rostocker Universitäts- und Wissenschaftsgeschichte" im Wintersemester 2007/08.
Herausgegeben von Gisela Boeck und Hans-Uwe Lammel.
Rostock 2011.

Band 13
Angela Hartwig
Das Universitätsarchiv Rostock von 1870 bis 1990.
Herausgegeben von Kersten Krüger.
Rostock 2010.

Band 14
Angela Hartwig, Bettina Kleinschmidt
Bestandsübersicht des Universitätsarchivs Rostock.
Herausgegeben von Kersten Krüger.
Rostock 2010.

Band 15
Universitätsgeschichte und Zeitzeugen. Die Verwaltung der Universität Rostock und Nachträge.
Herausgegeben von Kersten Krüger.
Rostock 2011.

Band 16
Frauen in der Wissenschaft. Referate der interdisziplinären Ringvorlesung des Arbeitskreises „Rostocker Universitäts- und Wissenschaftsgeschichte" im Wintersemester 2008/09
Herausgegeben von Gisela Boeck und Hans-Uwe Lammel.
Rostock 2011.

Band 17
Gert Haendler
Erlebte Kirchengeschichte. Erinnerungen an Kirchen und Universitäten zwischen Sachsen und den Ostseeländern.
Herausgegeben von Hermann Michael Niemann und Heinrich Holze.
Rostock 2011

Band 18
Wie schreibt man Rostocker Universitätsgeschichte?
Referate und Materialien der Tagung am 30. Januar 2010 in Rostock.
Herausgegeben von Hans-Uwe Lammel und Gisela Boeck.
Rostock 2011.

Band 19
Benjamin Venske
Das Rechenzentrum der Universität Rostock 1964-2010.
Rostock 2012.

Band 20
Rostocker gelehrte Köpfe, Referate der interdisziplinären Ringvorlesung des Arbeitskreises „Rostocker Universitäts- und Wissenschaftsgeschichte" im Wintersemester 2009/2010.
Herausgegeben von Hans-Uwe Lammel und Gisela Boeck.
Rostock 2012.

Band 21
Die Universität Rostock in den Jahren 1933-1945.
Referate der interdisziplinären Ringvorlesung des Arbeitskreises „Rostocker Universitäts- und Wissenschaftsgeschichte" im Sommersemester 2011.
Herausgegeben von Gisela Boeck und Hans-Uwe Lammel.
Rostock 2012.

Band 22
Die Universitätsbibliothek Rostock. Aufbruch und Umbruch seit 1972.
Direktoren berichten.
Herausgegeben von Kersten Krüger.
Rostock 2013.

Band 23
Susi-Hilde Michael
Recht und Verfassung der Universität Rostock.
Im Spiegel wesentlicher Rechtsquellen 1419−1563.
Teil 1: Darstellung
Rostock 2013.

Band 24
Susi-Hilde Michael
Recht und Verfassung der Universität Rostock.
Im Spiegel wesentlicher Rechtsquellen 1419−1563.
Teil 2: Quellen.
Rostock 2013.

Band 25
Henning Rohrmann
Forschung, Lehre, Menschenformung.
Studien zur „Pädagogisierung" der Universität Rostock in der Ulbricht-Ära.
Rostock 2013.

Band 26
Daniel Lehmann
Zwischen Umbruch und Erneuerung.
Die Universität Rostock von 1989 bis 1994.
Rostock 2013.

Band 27
Von Rechtsquellen und Studentenverbindungen, Lateinamerikanistikpionieren und politisch Unangepassten.
Facetten Rostocker Universitätsgeschichtsschreibung (1).
Herausgegeben von Gisela Boeck und Hans-Uwe Lammel.
Rostock 2014.

Band 28
Jüdische kulturelle und religiöse Einflüsse auf die Stadt Rostock und ihre Universität.
Herausgegeben von Hans-Uwe Lammel und Gisela Boeck.
Rostock 2014.

Band 29
Denkmale – Statuten – Zeitzeugen.
Facetten Rostocker Universitätsgeschichtsschreibung (2).
Herausgegeben von Gisela Boeck und Hans-Uwe Lammel.
Rostock 2015.

Band 30
Das Hauptgebäude der Universität Rostock 1870-2016.
Herausgegeben von Kersten Krüger und Ernst Münch.
Rostock 2016.

Band 31
25 Jahre Konzil der Universität Rostock 1990-2015.
Hochschulerneuerung im akademischen Parlament.
Herausgegeben von Kersten Krüger.
Rostock 2016.

Bezugsmöglichkeiten bis Band 22: Universität Rostock, Universitätsarchiv, Universitätsplatz 1, 18051 Rostock, Telefon: +49-381 498 8621; Fax: +49-381 498 8622, ab Band 22 im Buchhandel und Buch Shop BoD http://www.bod.de/bod-shop.html.